Heinrich von Kleist

Der zerbrochene Krug
(Klassiker der Weltliteratur)

e-artnow 2018

Gustav Freytag
Dramatische Werke

Edmond Rostand
Cyrano von Bergerac (Weltklassiker)

Heinrich von Kleist
Der unglücklichste Romantiker der Jahrhundertwende - Kleists autobiographische Werke, Briefe & Biographien

Heinrich von Kleist
Penthesilea

Heinrich von Kleist
Amphitryon – Ein Lustspiel nach Molière

Heinrich von Kleist

Der zerbrochene Krug (Klassiker der Weltliteratur)

Mit biografischen Aufzeichnungen von Stefan Zweig und Rudolf Genée

e-artnow, 2018
Kontakt: info@e-artnow.org
ISBN 978-80-273-1217-7

Inhaltsverzeichnis

Der zerbrochene Krug

Erster Auftritt

Adam sitzt und verbindet sich ein Bein. Licht tritt auf.

LICHT:
Ei, was zum Henker, sagt, Gevatter Adam!
Was ist mit Euch geschehn? Wie seht Ihr aus?

ADAM:
Ja, seht. Zum Straucheln brauchts doch nichts als Füße.
Auf diesem glatten Boden, ist ein Strauch hier?
Gestrauchelt bin ich hier; denn jeder trägt
Den leid'gen Stein zum Anstoß in sich selbst.

LICHT:
Nein, sagt mir, Freund! Den Stein trüg jeglicher —?

ADAM:
Ja, in sich selbst!

LICHT:
Verflucht das!

ADAM:
Was beliebt?

LICHT:
Ihr stammt von einem lockern Ältervater,
Der so beim Anbeginn der Dinge fiel,
Und wegen seines Falls berühmt geworden;
Ihr seid doch nicht —?

ADAM:
Nun?

LICHT:
Gleichfalls —?

ADAM:
Ob ich —? Ich glaube —!
Hier bin ich hingefallen, sag ich Euch.

LICHT:
Unbildlich hingeschlagen?

ADAM:
Ja, unbildlich.
Es mag ein schlechtes Bild gewesen sein.

LICHT:
Wann trug sich die Begebenheit denn zu?

ADAM:
Jetzt, in dem Augenblick, da ich dem Bett
Entsteig. Ich hatte noch das Morgenlied
Im Mund, da stolpr ich in den Morgen schon,
Und eh ich noch den Lauf des Tags beginne,
Renkt unser Herrgott mir den Fuß schon aus.

LICHT:
Und wohl den linken obenein?

ADAM:
Den linken?

LICHT:
Hier, den gesetzten?

ADAM:
Freilich!

LICHT:
Allgerechter!
Der ohnehin schwer den Weg der Sünde wandelt?

ADAM:
Der Fuß! Was? Schwer! Warum?

LICHT:
Der Klumpfuß?

ADAM:
Klumpfuß!
Ein Fuß ist, wie der andere, ein Klumpen.

LICHT:
Erlaubt! Da tut Ihr Eurem rechten unrecht.
Der rechte kann sich dieser-Wucht nicht rühmen,
Und wagt sich ehr aufs Schlüpfrige.

ADAM:
Ach, was!
Wo sich der eine hinwagt, folgt der andre.

LICHT:
Und was hat das Gesicht Euch so verrenkt?

ADAM:
Mir das Gesicht?

LICHT:
Wie? Davon wißt Ihr nichts?

ADAM:
Ich müßt ein Lügner sein-wie siehts denn aus?

LICHT:
Wie's aussieht?

ADAM:
Ja, Gevatterchen.

LICHT.
Abscheulich!

ADAM:
Erklärt Euch deutlicher.

LICHT:
Geschunden ists,
Ein Greul zu sehn. Ein Stück fehlt von der Wange,
Wie groß? Nicht ohne Waage kann ichs schätzen.

ADAM:
Den Teufel auch!

LICHT BRINGT EINEN SPIEGEL:
Hier! Überzeugt Euch selbst!
Ein Schaf, das, eingehetzt von Hunden, sich
Durch Dornen drängt, läßt nicht mehr Wolle sitzen,
Als Ihr-Gott weiß wo? —Fleisch habt sitzen lassen.

ADAM:
Hm! Ja! 's ist wahr. Unlieblich sieht es aus.
Die Nas hat auch gelitten.

LICHT:
Und das Auge.

ADAM:
Das Auge nicht, Gevatter.

LICHT:
Ei, hier liegt
Querfeld ein Schlag, blutrünstig, straf mich Gott,
Als hätt ein Großknecht wütend ihn geführt.

ADAM:
Das ist der Augenknochen. —Ja, nun seht,
Das alles hatt ich nicht einmal gespürt.

LICHT:
Ja, ja! So gehts im Feuer des Gefechts.

ADAM:
Gefecht! Was? —Mit dem verfluchten Ziegenbock
Am Ofen focht ich, wenn Ihr wollt. Jetzt weiß ichs.
Da ich das Gleichgewicht verlier, und gleichsam
Ertrunken in den Lüften um mich greife,
Fass' ich die Hosen, die ich gestern abend
Durchnäßt an das Gestell des Ofens hing.
Nun fass' ich sie, versteht Ihr, denke mich,
Ich Tor, daran zu halten, und nun reißt
Der Bund; Bund jetzt und Hos und ich, wir stürzen,
Und häuptlings mit dem Stirnblatt schmettr ich auf
Den Ofen hin, just wo ein Ziegenbock
Die Nase an der Ecke vorgestreckt.

LICHT LACHT:
Gut, gut.

ADAM:
Verdammt!

LICHT:
Der erste Adamsfall,
Den Ihr aus einem Bett hinaus getan.

ADAM:
Mein Seel! —Doch, was ich sagen wollte, was gibts
Neues?

LICHT:
Ja, was es Neues gibt! Der Henker hols,
Hätt ichs doch bald vergessen.

ADAM:
Nun?

LICHT:
Macht Euch bereit auf unerwarteten
Besuch aus Utrecht.

ADAM:
So?

LICHT:
Der Herr Gerichtsrat kömmt.

ADAM:
Wer kömmt?

LICHT:
Der Herr Gerichtsrat Walter kömmt, aus Utrecht.
Er ist in Revisions-Bereisung auf den Ämtern,
Und heut noch trifft er bei uns ein.

ADAM:
Noch heut! Seid Ihr bei Trost?

LICHT:
So wahr ich lebe.
Er war in Holla, auf dem Grenzdorf, gestern,
Hat das Justizamt dort schon revidiert.
Ein Bauer sah zur Fahrt nach Huisum schon
Die Vorspannpferde vor den Wagen schirren.

ADAM:
Heut noch, er, der Gerichtsrat, her, aus Utrecht!
Zur Revision, der wackre Mann, der selbst
Sein Schäfchen schiert, dergleichen Fratzen haßt.
Nach Huisum kommen und uns kujonieren!

LICHT:
Kam er bis Holla, kommt er auch bis Huisum.
Nehmt Euch in acht.

ADAM:
Ach, geht!

LICHT:
Ich sag es Euch.

ADAM:
Geht mir mit Eurem Märchen, sag ich Euch.

LICHT:
Der Bauer hat ihn selbst gesehn, zum Henker.

ADAM:
Wer weiß, wen der triefäugige Schuft gesehn.
Die Kerle unterscheiden ein Gesicht
Von einem Hinterkopf nicht, wenn er kahl ist.
Setzt einen Hut dreieckig auf mein Rohr,
Hängt ihm den Mantel um, zwei Stiefeln drunter,
So hält so'n Schubjak ihn, für wen Ihr wollt.

LICHT:
Wohlan, so zweifelt fort, ins Teufels Namen,
Bis er zur Tür hier eintritt.

ADAM:
Er, eintreten! —
Ohn uns ein Wort vorher gesteckt zu haben.

LICHT:
Der Unverstand! Als obs der vorige
Revisor noch, der Rat Wacholder, wäre!
Es ist Rat Walter jetzt, der revidiert.

ADAM:
Wenn gleich Rat Walter! Geht, laßt mich zufrieden.
Der Mann hat seinen Amtseid ja geschworen,
Und praktisiert, wie wir, nach den
Bestehenden Edikten und Gebräuchen.

LICHT:
Nun, ich versichr Euch, der Gerichtsrat Walter
Erschien in Holla unvermutet gestern,
Vis'tierte Kassen und Registraturen,
Und suspendierte Richter dort und Schreiber,
Warum? ich weiß nicht, ab officio.

ADAM:
Den Teufel auch? Hat das der Bauer gesagt?

LICHT:
Dies und noch mehr —

ADAM:
So?

LICHT:
Wenn Ihrs wissen wollt.
Denn in der Frühe heut sucht man den Richter,
Dem man in seinem Haus Arrest gegeben,
Und findet hinten in der Scheuer ihn
Am Sparren hoch des Daches aufgehangen.

ADAM:
Was sagt Ihr?

LICHT:
Hilf inzwischen kommt herbei,
Man löst ihn ab, man reibt ihn, und begießt ihn,
Ins nackte Leben bringt man ihn zurück.

ADAM:
So? Bringt man ihn?

LICHT:
Doch jetzo wird versiegelt
In seinem Haus, vereidet und verschlossen,
Es ist, als wär er eine Leiche schon,
Und auch sein Richteramt ist schon beerbt.

ADAM:
Ei, Henker, seht! —Ein liederlicher Hund wars —
Sonst eine ehrliche Haut, so wahr ich lebe,
Ein Kerl, mit dem sichs gut zusammen war;
Doch grausam liederlich, das muß ich sagen.
Wenn der Gerichtsrat heut in Holla war,
So gings ihm schlecht, dem armen Kauz, das glaub ich.

LICHT:
Und dieser Vorfall einzig, sprach der Bauer,
Sei schuld, daß der Gerichtsrat noch nicht hier;
Zu Mittag treff er doch ohnfehlbar ein.

ADAM:
Zu Mittag! Gut, Gevatter! Jetzt gilts Freundschaft.
Ihr wißt, wie sich zwei Hände waschen können.
Ihr wollt auch gern, ich weiß, Dorfrichter werden,
Und Ihr verdients, bei Gott, so gut wie einer.
Doch heut ist noch nicht die Gelegenheit,
Heut laßt Ihr noch den Kelch vorübergehn.

LICHT:
Dorfrichter, ich! Was denkt Ihr auch von mir?

ADAM:
Ihr seid ein Freund von wohlgesetzter Rede,
Und Euren Cicero habt Ihr studiert
Trotz Einem auf der Schul in Amsterdam.
Drückt Euren Ehrgeiz heut hinunter, hört Ihr?
Es werden wohl sich Fälle noch ergeben,
Wo Ihr mit Eurer Kunst Euch zeigen könnt.

LICHT:
Wir zwei Gevatterleute! Geht mir fort.

ADAM:
Zu seiner Zeit, Ihr wißts, schwieg auch der große
Demosthenes. Folgt hierin seinem Muster.
Und bin ich König nicht von Mazedonien,
Kann ich auf meine Art doch dankbar sein.

LICHT:
Geht mir mit Eurem Argwohn, sag ich Euch.
Hab ich jemals —?

ADAM:
Seht, ich, ich, für mein Teil,
Dem großen Griechen folg ich auch. Es ließe
Von Depositionen sich und Zinsen
Zuletzt auch eine Rede ausarbeiten:
Wer wollte solche Perioden drehn?

LICHT:
Nun, also!

ADAM:
Von solchem Vorwurf bin ich rein,
Der Henker hols! Und alles, was es gilt,
Ein Schwank ists etwa, der, zur Nacht geboren,
Des Tags vorwitz'gen Lichtstrahl scheut.

LICHT:
Ich weiß.

ADAM:
Mein Seel! Es ist kein Grund, warum ein Richter,
Wenn er nicht auf dem Richtstuhl sitzt,
Soll gravitätisch wie ein Eisbär sein.

LICHT:
Das sag ich auch.

ADAM:
Nun denn, so kommt, Gevatter,
Folgt mir ein wenig zur Registratur;
Die Aktenstöße setz ich auf, denn die,
Die liegen wie der Turm zu Babylon.

Zweiter Auftritt

Ein Bedienter tritt auf. Die Vorigen. —Nachher zwei Mägde.

DER BEDIENTE:
Gott helf, Herr Richter! Der Gerichtsrat Walter
Läßt seinen Gruß vermelden, gleich wird er hier sein.

ADAM:
Ei, du gerechter Himmel! Ist er mit Holla
Schon fertig?

DER BEDIENTE:
Ja, er ist in Huisum schon.

ADAM:
He! Liese! Grete!

LICHT:
Ruhig, ruhig jetzt.

ADAM:
Gevatterchen!

LICHT:
Laßt Euern Dank vermelden.

DER BEDIENTE:
Und morgen reisen wir nach Hussahe.

ADAM:
Was tu ich jetzt? Was laß ich?
Er greift nach seinen Kleidern.

ERSTE MAGD TRITT AUF:
Hier bin ich, Herr.

LICHT:
Wollt Ihr die Hosen anziehn? Seid Ihr toll?

ZWEITE MAGD TRITT AUF:
Hier bin ich, Herr Dorfrichter.

LICHT:
Nehmt den Rock.

ADAM SIEHT SICH UM:
Wer? Der Gerichtsrat?

LICHT:
Ach, die Magd ist es.

ADAM:
Die Bättchen! Mantel! Kragen!

ERSTE MAGD:
Erst die Weste!

ADAM:
Was? —Rock aus? Hurtig!

LICHT ZUM BEDIENTEN:
Der Herr Gerichtsrat werden
Hier sehr willkommen sein. Wir sind sogleich
Bereit, ihn zu empfangen. Sagt ihm das.

ADAM:
Den Teufel auch! Der Richter Adam läßt sich
Entschuldigen.

LICHT:
Entschuldigen!

ADAM:
Entschuld'gen.
Ist er schon unterwegs etwa?

DER BEDIENTE:
Er ist
Im Wirtshaus noch. Er hat den Schmied bestellt;
Der Wagen ging entzwei.

ADAM:
Gut. Mein Empfehl!
Der Schmied ist faul. Ich ließe mich entschuldigen.
Ich hätte Hals und Beine fast gebrochen,
Schaut selbst, 's ist ein Spektakel, wie ich ausseh;
Und jeder Schreck purgiert mich von Natur.
Ich wäre krank.

LICHT:
Seid Ihr bei Sinnen? —
Der Herr Gerichtsrat wär sehr angenehm.
—Wollt Ihr?

ADAM:
Zum Henker!

LICHT:
Was?

ADAM:
Der Teufel soll mich holen,
Ists nicht so gut, als hätt ich schon ein Pulver!

LICHT:
Das fehlt noch, daß Ihr auf den Weg ihm leuchtet.

ADAM:
Margarete! he! Der Sack voll Knochen! Liese!

DIE BEIDEN MÄGDE:
Hier sind wir ja. Was wollt Ihr?

ADAM:
Fort! sag ich.
Kuhkäse, Schinken, Butter, Würste, Flaschen
Aus der Registratur geschafft! Und flink! —
Du nicht. Die andere. —Maulaffe! Du, ja!
—Gotts Blitz, Margarete! Liese soll, die Kuhmagd,
In die Registratur!

(Die erste Magd geht ab.)

DIE ZWEITE MAGD:
Sprecht, soll man Euch verstehn!

ADAM:
Halts Maul jetzt, sag ich —! Fort! schaff mir die Perücke!
Marsch! Aus dem Bücherschrank! Geschwind! Pack dich!

(Die zweite Magd ab.)

LICHT ZUM BEDIENTEN:
Es ist dem Herrn Gerichtsrat, will ich hoffen,
Nichts Böses auf der Reise zugestoßen?

DER BEDIENTE:
Je, nun! Wir sind im Hohlweg umgeworfen.

ADAM:
Pest! Mein geschundner Fuß! Ich krieg die Stiefeln —

LICHT:
Ei, du mein Himmel! Umgeworfen, sagt Ihr?
Doch keinen Schaden weiter —?

DER BEDIENTE:
Nichts von Bedeutung.
Der Herr verstauchte sich die Hand ein wenig.
Die Deichsel brach.

ADAM:
Daß er den Hals gebrochen!

LICHT:
Die Hand verstaucht! Ei, Herr Gott! Kam der Schmied schon?

DER BEDIENTE:
Ja, für die Deichsel.

LICHT:
Was?

ADAM:
Ihr meint, der Doktor.

LICHT:
Was?

DER BEDIENTE:
Für die Deichsel?

ADAM:
Ach, was! Für die Hand.

DER BEDIENTE:
Adies, ihr Herrn. —Ich glaub, die Kerls sind toll.
(Ab.)

LICHT:
Den Schmied meint ich.

ADAM:
Ihr gebt Euch bloß, Gevatter.

LICHT:
Wieso?

ADAM:
Ihr seid verlegen.

LICHT:
Was!

Die erste Magd tritt auf.

ADAM:
He! Liese!
Was hast du da?

ERSTE MAGD:
Braunschweiger Wurst, Herr Richter.

ADAM:
Das sind Pupillenakten.

LICHT:
Ich, verlegen!

ADAM:
Die kommen wieder zur Registratur.

ERSTE MAGD:
Die Würste?

ADAM:
Würste! Was! Der Einschlag hier.

LICHT:
Es war ein Mißverständnis.

DIE ZWEITE MAGD TRITT AUF:
Im Bücherschrank,
Herr Richter, find ich die Perücke nicht.

ADAM:
Warum nicht?

ZWEITE MAGD:
Hm! Weil Ihr —

ADAM:
Nun?

ZWEITE MAGD:
Gestern abend —
Glock elf —

ADAM:
Nun? Werd ichs hören?

ZWEITE MAGD:
Ei, Ihr kamt ja,
Besinnt Euch, ohne die Perück ins Haus.

ADAM:
Ich, ohne die Perücke?

ZWEITE MAGD:
In der Tat.
Da ist die Liese, die's bezeugen kann.
Und Eure andr ist beim Perückenmacher.

ADAM:
Ich wär —?

ERSTE MAGD:
Ja, meiner Treu, Herr Richter Adam!
Kahlköpfig wart Ihr, als Ihr wiederkamt;
Ihr spracht, Ihr wärt gefallen, wißt Ihr nicht?
Das Blut mußt ich Euch noch vom Kopfe waschen.

ADAM:
Die Unverschämte!

ERSTE MAGD:
Ich will nicht ehrlich sein.

ADAM:
Halts Maul, sag ich, es ist kein wahres Wort.

LICHT:
Habt Ihr die Wund seit gestern schon?

ADAM:
Nein, heut.
Die Wunde heut und gestern die Perücke.
Ich trug sie weiß gepudert auf dem Kopfe,
Und nahm sie mit dem Hut, auf Ehre, bloß,
Als ich ins Haus trat, aus Versehen ab.
Was die gewaschen hat, das weiß ich nicht.
—Scher dich zum Satan, wo du hingehörst!
In die Registratur!

(Erste Magd ab.)

GEH, MARGARETE!:
Gevatter Küster soll mir seine borgen;
In meine hätt die Katze heute morgen
Gejungt, das Schwein! Sie läge eingesäuet
Mir unterm Bette da, ich weiß nun schon.

LICHT:
Die Katze? Was? Seid Ihr —?

ADAM:
So wahr ich lebe.
Fünf Junge, gelb und schwarz, und eins ist weiß.
Die schwarzen will ich in der Vecht ersäufen.
Was soll man machen? Wollt Ihr eine haben?

LICHT:
In die Perücke?

ADAM:
Der Teufel soll mich holen!
Ich hatte die Perücke aufgehängt,
Auf einen Stuhl, da ich zu Bette ging,
Den Stuhl berühr ich in der Nacht, sie fällt —

LICHT:
Drauf nimmt die Katze sie ins Maul —

ADAM:
Mein Seel —

LICHT:
Und trägt sie unters Bett und jungt darin.

ADAM:
Ins Maul? Nein —

LICHT:
Nicht? Wie sonst?

ADAM:
Die Katz? Ach, was!

LICHT:
Nicht? Oder Ihr vielleicht?

ADAM:
Ins Maul! Ich glaube
Ich stieß sie mit dem Fuße heut hinunter,
Als ich es sah.

LICHT:
Gut, gut.

ADAM:
Kanaillen die!
Die balzen sich und jungen, wo ein Platz ist.

ZWEITE MAGD KICHERND:
Soll ich hingehn?

ADAM:
Ja, und meinen Gruß
An Muhme Schwarzgewand, die Küsterin.
Ich schickt ihr die Perücke unversehrt
Noch heut zurück, ihm brauchst du nichts zu sagen.

   Verstehst du mich?

ZWEITE MAGD:
Ich werd es schon bestellen.
(Ab.)

Dritter Auftritt

Adam und Licht.

ADAM:
Mir ahndet heut nichts Guts, Gevatter Licht.

LICHT:
Warum?

ADAM:
Es geht bunt alles über Ecke mir.
Ist nicht auch heut Gerichtstag?

LICHT:
Allerdings.
Die Kläger stehen vor der Türe schon.

ADAM:
—Mir träumt', es hätt ein Kläger mich ergriffen
Und schleppte vor den Richtstuhl mich; und ich,
Ich säße gleichwohl auf dem Richtstuhl dort,
Und schält' und hunzt' und schlingelte mich herunter,
Und judiziert' den Hals ins Eisen mir.

LICHT:
Wie? Ihr Euch selbst?

ADAM:
So wahr ich ehrlich bin.
Drauf wurden beide wir zu eins, und flohn,
Und mußten in den Fichten übernachten.

LICHT:
Nun? Und der Traum, meint Ihr —?

ADAM:
Der Teufel hols.
Wenns auch der Traum nicht ist: ein Schabernack,
Sei's, wie es woll, ist wider mich im Werk!

LICHT:
Die läpp'sche Furcht! Gebt Ihr nur vorschriftsmäßig,
Wenn der Gerichtsrat gegenwärtig ist,
Recht den Parteien auf dem Richterstuhle,
Damit der Traum vom ausgehunzten Richter
Auf andre Art nicht in Erfüllung geht.

Vierter Auftritt

Der Gerichtsrat Walter tritt auf. Die Vorigen.

WALTER:
Gott grüß Euch, Richter Adam.

ADAM:
Ei, willkommen!
Willkommen, gnäd'ger Herr, in unserm Huisum!
Wer konnte, du gerechter Gott, wer konnte
So freudigen Besuches sich gewärt'gen.
Kein Traum, der heute früh Glock achte noch
Zu solchem Glücke sich versteigen durfte.

WALTER:
Ich komm ein wenig schnell, ich weiß; und muß
Auf dieser Reis', in unsrer Staaten Dienst,
Zufrieden sein, wenn meine Wirte mich
Mit wohlgemeintem Abschiedsgruß entlassen.
Inzwischen ich, was meinen Gruß betrifft,
Ich meins von Herzen gut, schon wenn ich komme.
Das Obertribunal in Utrecht will
Die Rechtspfleg auf dem platten Land verbessern,
Die mangelhaft von mancher Seite scheint,
Und strenge Weisung hat der Mißbrauch zu erwarten.
Doch mein Geschäft auf dieser Reis' ist noch
Ein strenges nicht, sehn soll ich bloß, nicht strafen,
Und find ich gleich nicht alles, wie es soll,
Ich freue mich, wenn es erträglich ist.

ADAM:
Fürwahr, so edle Denkart muß man loben.
Ew. Gnaden werden hie und da, nicht zweifl ich,
Den alten Brauch im Recht zu tadeln wissen;
Und wenn er in den Niederlanden gleich
Seit Kaiser Karl dem Fünften schon besteht:
Was läßt sich in Gedanken nicht erfinden?
Die Welt, sagt unser Sprichwort, wird stets klüger,
Und alles liest, ich weiß, den Puffendorf;
Doch Huisum ist ein kleiner Teil der Welt,
Auf den nicht mehr, nicht minder, als sein Teil nur
Kann von der allgemeinen Klugheit kommen.
Klärt die Justiz in Huisum gütigst auf,
Und überzeugt Euch, gnäd'ger Herr, Ihr habt
Ihr noch so bald den Rücken nicht gekehrt,
Als sie auch völlig Euch befried'gen wird;
Doch fändet Ihr sie heut im Amte schon,
Wie Ihr es wünscht, mein Seel, so wärs ein Wunder,
Da sie nur dunkel weiß noch, was Ihr wollt.

WALTER:
Es fehlt an Vorschriften, ganz recht. Vielmehr
Es sind zu viel, man wird sie sichten müssen.

ADAM:
Ja, durch ein großes Sieb. Viel Spreu! Viel Spreu!

WALTER:
Das ist dort der Herr Schreiber?

LICHT:
Der Schreiber Licht,
Zu Eurer Gnaden Diensten. Pfingsten
Neun Jahre, daß ich im Justizamt bin.

ADAM BRINGT EINEN STUHL:
Setzt Euch.

WALTER:
Laßt sein.

ADAM:
Ihr kommt von Holla schon.

WALTER:
Zwei kleine Meilen-Woher wißt Ihr das?

ADAM:
Woher? Ew. Gnaden Diener —

LICHT:
Ein Bauer sagt' es,
Der eben jetzt von Holla eingetroffen.

WALTER:
Ein Bauer?

ADAM:
Aufzuwarten.

WALTER:
—Ja! Es trug sich
Dort ein unangenehmer Vorfall zu,
Der mir die heitre Laune störte,
Die in Geschäften uns begleiten soll. —
Ihr werdet davon unterrichtet sein?

ADAM:
Wärs wahr, gestrenger Herr? Der Richter Pfaul,
Weil er Arrest in seinem Haus empfing,
Verzweiflung hätt den Toren überrascht,
Er hing sich auf?

WALTER:
Und machte Übel ärger.
Was nur Unordnung schien, Verworrenheit,
Nimmt jetzt den Schein an der Veruntreuung,
Die das Gesetz, Ihr wißts, nicht mehr verschont. —
Wie viele Kassen habt Ihr?

ADAM:
Fünf, zu dienen.

WALTER:
Wie, fünf? Ich stand im Wahn-Gefüllte Kassen?
Ich stand im Wahn, daß Ihr nur vier —

ADAM:
Verzeiht!
Mit der Rhein-Inundations-Kollekten-Kasse?

WALTER:
Mit der Inundations-Kollekten-Kasse!
Doch jetzo ist der Rhein nicht inundiert,
Und die Kollekten gehn mithin nicht ein.
—Sagt doch, Ihr habt ja wohl Gerichtstag heut?

ADAM:
Ob wir —?

WALTER:
Was?

LICHT:
Ja, den ersten in der Woche.

WALTER:
Und jene Schar von Leuten, die ich draußen
Auf Eurem Flure sah, sind das —?

ADAM:
Das werden —

LICHT:
Die Kläger sinds, die sich bereits versammeln.

WALTER:
Gut. Dieser Umstand ist mir lieb, ihr Herren.
Laßt diese Leute, wenns beliebt, erscheinen.
Ich wohne dem Gerichtsgang bei; ich sehe,
Wie er in Eurem Huisum üblich ist.
Wir nehmen die Registratur, die Kassen

Nachher, wenn diese Sache abgetan.

ADAM:
Wie Ihr befehlt. —Der Büttel! He! Hanfriede!

Fünfter Auftritt

Die zweite Magd tritt auf. Die Vorigen.

ZWEITE MAGD:
Gruß von Frau Küsterin, Herr Richter Adam;
So gern sie die Perück Euch auch —

ADAM:
Wie? Nicht?

ZWEITE MAGD:
Sie sagt, es wäre Morgenpredigt heute;
Der Küster hätte selbst die eine auf,
Und seine andre wäre unbrauchbar,
Sie sollte heut zu dem Perückenmacher.

ADAM:
Verflucht!

ZWEITE MAGD:
Sobald der Küster wieder kömmt,
Wird sie jedoch sogleich Euch seine schicken.

ADAM:
Auf meine Ehre, gnäd'ger Herr —

WALTER:
Was gibts?

ADAM:
Ein Zufall, ein verwünschter, hat um beide
Perücken mich gebracht. Und jetzt bleibt mir
Die dritte aus, die ich mir leihen wollte:
Ich muß kahlköpfig den Gerichtstag halten.

WALTER:
Kahlköpfig!

ADAM:
Ja, beim ew'gen Gott! So sehr
Ich ohne der Perücke Beistand um
Mein Richteransehn auch verlegen bin.
—Ich müßt es auf dem Vorwerk noch versuchen,
Ob mir vielleicht der Pächter —?

WALTER:
Auf dem Vorwerk!
Kann jemand anders hier im Orte nicht —?

ADAM:
Nein, in der Tat —

WALTER:
Der Prediger vielleicht.

ADAM:
Der Prediger? Der —

WALTER:
Oder Schulmeister.

ADAM:
Seit der Sackzehnte abgeschafft, Ew. Gnaden,
Wozu ich hier im Amte mitgewirkt,
Kann ich auf beider Dienste nicht mehr rechnen.

WALTER:
Nun, Herr Dorfrichter? Nun? Und der Gerichtstag?
Denkt Ihr zu warten, bis die Haar Euch wachsen?

ADAM:
Ja, wenn Ihr mir erlaubt, schick ich aufs Vorwerk.

WALTER:
—Wie weit ists auf das Vorwerk?

ADAM:
Ei! Ein kleines Halbstündchen.

WALTER:
Eine halbe Stunde, was!
Und Eurer Sitzung Stunde schlug bereits.
Macht fort! Ich muß noch heut nach Hussahe.

ADAM:
Macht fort! ja —

WALTER:
Ei, so pudert Euch den Kopf ein!
Wo Teufel auch, wo ließt Ihr die Perücken?
—Helft Euch, so gut Ihr könnt. Ich habe Eile.

ADAM:
Auch das.

DER BÜTTEL TRITT AUF:
Hier ist der Büttel!

ADAM:
Kann ich inzwischen
Mit einem guten Frühstück, Wurst aus Braunschweig,
Ein Gläschen Danziger etwa —

WALTER:
Danke sehr.

ADAM:
Ohn Umständ!

WALTER:
Dank, Ihr hörts, habs schon genossen.
Geht Ihr, und nutzt die Zeit, ich brauche sie,
In meinem Büchlein etwas mir zu merken.

ADAM:
Nun, wenn Ihr so befehlt-Komm, Margarete!

WALTER:
—Ihr seid ja bös verletzt, Herr Richter Adam.
Seid Ihr gefallen?

ADAM:
—Hab einen wahren Mordschlag
Heut früh, als ich dem Bett entstieg, getan:
Seht, gnäd'ger Herr Gerichtsrat, einen Schlag
Ins Zimmer hin, ich glaubt, es wär ins Grab.

WALTER:
Das tut mir leid. —Es wird doch weiter nicht
Von Folgen sein?

ADAM:
Ich denke nicht. Und auch
In meiner Pflicht solls weiter mich nicht stören. Erlaubt!

WALTER:
Geht, geht!

ADAM ZUM BÜTTEL:

  Die Kläger rufst du-Marsch!

                    (Adam, die Magd und der Büttel ab.)

Sechster Auftritt

Frau Marthe, Eve, Veit und Ruprecht treten auf. —Walter und Licht im Hintergrunde.

FRAU MARTHE:
Ihr krugzertrümmerndes Gesindel, ihr!
Ihr sollt mir büßen, ihr!

VEIT:
Sei Sie nur ruhig,
Frau Marth! Es wird sich alles hier entscheiden.

FRAU MARTHE:
O ja. Entscheiden. Seht doch! Den Klugschwätzer!
Den Krug mir, den zerbrochenen, entscheiden!
Wer wird mir den geschiednen Krug entscheiden?
Hier wird entschieden werden, daß geschieden
Der Krug mir bleiben soll. Für so'n Schiedsurteil
Geb ich noch die geschiednen Scherben nicht.

VEIT:
Wenn Sie sich Recht erstreiten kann, Sie hörts,
Ersetz ich ihn.

FRAU MARTHE:
Er mir den Krug ersetzen.
Wenn ich mir Recht erstreiten kann, ersetzen.
Setz Er den Krug mal hin, versuch Ers mal,
Setz Er'n mal hin auf das Gesims! Ersetzen!
Den Krug, der kein Gebein zum Stehen hat,
Zum Liegen oder Sitzen hat, ersetzen!

VEIT:
Sie hörts! Was geifert Sie? Kann man mehr tun?
Wenn einer Ihr von uns den Krug zerbrochen,
Soll Sie entschädigt werden.

FRAU MARTHE:
Ich entschädigt!
Als ob ein Stück von meinem Hornvieh spräche.
Meint Er, daß die Justiz ein Töpfer ist?
Und kämen die Hochmögenden und bänden
Die Schürze vor, und trügen ihn zum Ofen,
Die könnten sonst was in den Krug mir tun,
Als ihn entschädigen. Entschädigen!

RUPRECHT:
Laß Er sie, Vater. Folg Er mir. Der Drache!
's ist der zerbrochne Krug nicht, der sie wurmt,
Die Hochzeit ist es, die ein Loch bekommen,
Und mit Gewalt hier denkt sie sie zu flicken.
Ich aber setze noch den Fuß eins drauf:
Verflucht bin ich, wenn ich die Metze nehme.

FRAU MARTHE:
Der eitle Flaps! Die Hochzeit ich hier flicken!
Die Hochzeit, nicht des Flickdrahts, unzerbrochen,
Nicht Einen von des Kruges Scherben wert.
Und stünd die Hochzeit blankgescheuert vor mir,
Wie noch der Krug auf dem Gesimse gestern,
So faßt ich sie beim Griff jetzt mit den Händen,
Und schlüg sie gellend Ihm am Kopf entzwei,
Nicht aber hier die Scherben möcht ich flicken!
Sie flicken!

EVE:
Ruprecht!

RUPRECHT:
Fort, du —!

EVE:
Liebster Ruprecht!

RUPRECHT:
Mir aus den Augen!

EVE:
Ich beschwöre dich.

RUPRECHT:
Die liederliche —! Ich mag nicht sagen, was.

EVE:
Laß mich ein einz'ges Wort dir heimlich —

RUPRECHT:
Nichts!

EVE:
Du gehst zum Regimente jetzt, o Ruprecht,
Wer weiß, wenn du erst die Muskete trägst,
Ob ich dich je im Leben wieder sehe.
Krieg ists, bedenke, Krieg, in den du ziehst:
Willst du mit solchem Grolle von mir scheiden?

RUPRECHT:
Groll? Nein, bewahr mich Gott, das will ich nicht.
Gott schenk dir so viel Wohlergehn, als er
Erübrigen kann. Doch kehrt ich aus dem Kriege
Gesund, mit erzgegoßnem Leib zurück,
Und würd in Huisum achtzig Jahre alt,
So sagt ich noch im Tode zu dir: Metze!
Du willsts ja selber vor Gericht beschwören.

FRAU MARTHE ZU EVE:
Hinweg! Was sagt ich dir? Willst du dich noch
Beschimpfen lassen? Der Herr Korporal
Ist was für dich, der würd'ge Holzgebein,
Der seinen Stock im Militär geführt,
Und nicht dort der Maulaffe, der dem Stock

Jetzt seinen Rücken bieten wird. Heut ist
Verlobung, Hochzeit, wäre Taufe heute,
Es wär mir recht, und mein Begräbnis leid ich,
Wenn ich dem Hochmut erst den Kamm zertreten,
Der mir bis an die Krüge schwillet.

EVE:
Mutter!
Laßt doch den Krug! Laßt mich doch in der Stadt versuchen,
Ob ein geschickter Handwerksmann die Scherben
Nicht wieder Euch zur Lust zusammenfügt.
Und wärs um ihn geschehn, nehmt meine ganze
Sparbüchse hin, und kauft Euch einen neuen.
Wer wollte doch um einen irdnen Krug,
Und stammt' er von Herodes' Zeiten her,
Solch einen Aufruhr, so viel Unheil stiften.

FRAU MARTHE:
Du sprichst, wie du's verstehst. Willst du etwa
Die Fiedel tragen, Evchen, in der Kirche
Am nächsten Sonntag reuig Buße tun?
Dein guter Name lag in diesem Topfe,
Und vor der Welt mit ihm ward er zerstoßen,
Wenn auch vor Gott nicht, und vor mir und dir.
Der Richter ist mein Handwerksmann, der Scherge,
Der Block ists, Peitschenhiebe, die es braucht,
Und auf den Scheiterhaufen das Gesindel,
Wenns unsre Ehre weiß zu brennen gilt,
Und diesen Krug hier wieder zu glasieren.

Siebenter Auftritt

Adam im Ornat, doch ohne Perücke, tritt auf. Die Vorigen.

ADAM FÜR SICH:
Ei, Evchen. Sieh! Und der vierschröt'ge Schlingel,
Der Ruprecht! Ei, was Teufel, sieh! die ganze Sippschaft!
—Die werden mich doch nicht bei mir verklagen?

EVE:
O liebste Mutter, folgt mir, ich beschwör Euch,
Laßt diesem Unglückszimmer uns entfliehen!

ADAM:
Gevatter! sagt mir doch, was bringen die?

LICHT:
Was weiß ich? Lärm um nichts; Lappalien.
Es ist ein Krug zerbrochen worden, hör ich.

ADAM:
Ein Krug! So! Ei! —Ei, wer zerbrach den Krug?

LICHT:
Wer ihn zerbrochen?

ADAM:
Ja, Gevatterchen.

LICHT:
Mein Seel, setzt Euch: so werdet Ihrs erfahren.

ADAM HEIMLICH:
Evchen!

EVE GLEICHFALLS:
Geh Er.

ADAM:
Ein Wort.

EVE:
Ich will nichts wissen.

ADAM:
Was bringt ihr mir?

EVE:
Ich sag Ihm, Er soll gehn.

ADAM:
Evchen! Ich bitte dich! Was soll mir das bedeuten?

EVE:
Wenn Er nicht gleich —! Ich sags Ihm, laß Er mich.

ADAM ZU LICHT:
Gevatter, hört, mein Seel, ich halts nicht aus.
Die Wund am Schienbein macht mir Übelkeiten;
Führt Ihr die Sach, ich will zu Bette gehn.

LICHT:
Zu Bett —? Ihr wollt —? Ich glaub, Ihr seid verrückt.

ADAM:
Der Henker hols. Ich muß mich übergeben.

LICHT:
Ich glaub, Ihr rast, im Ernst. Soeben kommt Ihr —?
—Meinethalben. Sagts dem Herrn Gerichtsrat dort.
Vielleicht erlaubt ers. —Ich weiß nicht, was Euch fehlt.

ADAM WIEDER ZU EVEN:
Evchen! Ich flehe dich! Um alle Wunden!
Was ists, das ihr mir bringt?

EVE:
Er wirds schon hören.

ADAM:
Ists nur der Krug dort, den die Mutter hält,
Den ich, soviel —?

EVE:
Ja, der zerbrochne Krug nur.

ADAM:
Und weiter nichts?

EVE:
Nichts weiter.

ADAM:
Nichts? Gewiß nichts?

EVE:
Ich sag Ihm, geh Er. Laß Er mich zufrieden.

ADAM:
Hör du, bei Gott, sei klug, ich rat es dir.

EVE:
Er Unverschämter!

ADAM:
In dem Attest steht
Der Name jetzt, Frakturschrift, Ruprecht Tümpel.
Hier trag ichs fix und fertig in der Tasche;
Hörst du es knackern, Evchen? Sieh, das kannst du,
Auf meine Ehr, heut übers Jahr dir holen,
Dir Trauerschürz und Mieder zuzuschneiden,
Wenns heißt: der Ruprecht in Batavia
Krepiert' —ich weiß an welchem Fieber nicht,
Wars gelb, wars scharlach, oder war es faul.

WALTER:
Sprecht nicht mit den Parteien, Herr Richter Adam,
Vor der Session! Hier setzt Euch, und befragt sie.

ADAM:
Was sagt er? —Was befehlen Ew. Gnaden?

WALTER:
Was ich befehl? —Ich sagte deutlich Euch,
Daß Ihr nicht heimlich vor der Sitzung sollt
Mit den Parteien zweideut'ge Sprache führen.
Hier ist der Platz, der Eurem Amt gebührt,
Und öffentlich Verhör, was ich erwarte.

ADAM FÜR SICH:
Verflucht! Ich kann mich nicht dazu entschließen —!
Es klirrte etwas, da ich Abschied nahm —

LICHT IHN AUFSCHRECKEND:
Herr Richter! Seid Ihr —!

ADAM:
Ich? Auf Ehre nicht!
Ich hatte sie behutsam drauf gehängt,
Und müßt ein Ochs gewesen sein —

LICHT:
Was?

ADAM:
Was?

LICHT:
Ich fragte —!

ADAM:
Ihr fragtet, ob ich —?

LICHT:
Ob Ihr taub seid, fragt ich.
Dort Sr. Gnaden haben Euch gerufen.

ADAM:
Ich glaubte —! Wer ruft?

LICHT:
Der Herr Gerichtsrat dort.

ADAM FÜR SICH:
Ei! Hols der Henker auch! Zwei Fälle gibts,
Mein Seel, nicht mehr, und wenns nicht biegt, so brichts.
—Gleich! Gleich! Gleich! Was befehlen Ew. Gnaden?
Soll jetzt die Prozedur beginnen?

WALTER:
Ihr seid ja sonderbar zerstreut. Was fehlt Euch?

ADAM:
—Auf Ehr! Verzeiht. Es hat ein Perlhuhn mir,
Das ich von einem Indienfahrer kaufte,
Den Pips: ich soll es nudeln, und verstehs nicht,
Und fragte dort die Jungfer bloß um Rat.
Ich bin ein Narr in solchen Dingen, seht,
Und meine Hühner nenn ich meine Kinder.

WALTER:
Hier. Setzt Euch. Ruft den Kläger und vernehmt ihn.
Und Ihr, Herr Schreiber, führt das Protokoll.

ADAM:
Befehlen Ew. Gnaden den Prozeß
Nach den Formalitäten, oder so,
Wie er in Huisum üblich ist, zu halten?

WALTER:
Nach den gesetzlichen Formalitäten,
Wie er in Huisum üblich ist, nicht anders.

ADAM:
Gut, gut. Ich werd Euch zu bedienen wissen.
Seid Ihr bereit, Herr Schreiber?

LICHT:
Zu Euren Diensten.

ADAM:
—So nimm, Gerechtigkeit, denn deinen Lauf!
Kläger trete vor.

FRAU MARTHE:
Hier, Herr Dorfrichter!

ADAM:
Wer seid Ihr?

FRAU MARTHE:
Wer —?

ADAM:
Ihr.

FRAU MARTHE:
Wer ich —?

ADAM:
Wer Ihr seid!
Wes Namens, Standes, Wohnorts, und so weiter.

FRAU MARTHE:
Ich glaub, Er spaßt, Herr Richter.

ADAM:
Spaßen, was!
Ich sitz im Namen der Justiz, Frau Marthe,
Und die Justiz muß wissen, wer Ihr seid.

LICHT HALBLAUT:
Laßt doch die sonderbare Frag —

FRAU MARTHE:
Ihr guckt
Mir alle Sonntag in die Fenster ja,
Wenn Ihr aufs Vorwerk geht!

WALTER:
Kennt Ihr die Frau?

ADAM:
Sie wohnt hier um die Ecke, Ew. Gnaden,
Wenn man den Fußsteig durch die Hecken geht;
Witw' eines Kastellans, Hebamme jetzt,
Sonst eine ehrliche Frau, von gutem Rufe.

WALTER:
Wenn Ihr so unterrichtet seid, Herr Richter,
So sind dergleichen Fragen überflüssig.
Setzt ihren Namen in das Protokoll,
Und schreibt dabei: dem Amte wohlbekannt.

ADAM:
Auch das. Ihr seid nicht für Formalitäten.
Tut so, wie Sr. Gnaden anbefohlen.

WALTER:
Fragt nach dem Gegenstand der Klage jetzt.

ADAM:
Jetzt soll ich —?

WALTER:
Ja, den Gegenstand ermitteln!

ADAM:
Das ist gleichfalls ein Krug, verzeiht.

WALTER:
Wie? Gleichfalls!

ADAM:
Ein Krug. Ein bloßer Krug. Setzt einen Krug,
Und schreibt dabei: dem Amte wohlbekannt.

LICHT:
Auf meine hingeworfene Vermutung
Wollt Ihr, Herr Richter —?

ADAM:
Mein Seel, wenn ichs Euch sage,
So schreibt Ihrs hin. Ists nicht ein Krug, Frau Marthe?

FRAU MARTHE:
Ja, hier der Krug —

ADAM:
Da habt Ihrs.

FRAU MARTHE:
Der zerbrochne —

ADAM:
Pedantische Bedenklichkeit.

LICHT:
Ich bitt Euch —

ADAM:
Und wer zerbrach den Krug? Gewiß der Schlingel —?

FRAU MARTHE:
Ja, er, der Schlingel dort —

ADAM FÜR SICH:
Mehr brauch ich nicht.

RUPRECHT:
Das ist nicht wahr, Herr Richter.

ADAM FÜR SICH:
Auf, aufgelebt, du alter Adam!

RUPRECHT:
Das lügt sie in den Hals hinein —

ADAM:
Schweig, Maulaffe!
Du steckst den Hals noch früh genug ins Eisen.
—Setzt einen Krug, Herr Schreiber, wie gesagt,
Zusamt dem Namen des, der ihn zerschlagen.
Jetzt wird die Sache gleich ermittelt sein.

WALTER:
Herr Richter! Ei! Welch ein gewaltsames Verfahren.

ADAM:
Wieso?

LICHT:
Wollt Ihr nicht förmlich

ADAM:
Nein! sag ich;
Ihr Gnaden lieben Förmlichkeiten nicht.

WALTER:
Wenn Ihr die Instruktion, Herr Richter Adam,
Nicht des Prozesses einzuleiten wißt,
Ist hier der Ort jetzt nicht, es Euch zu lehren.
Wenn Ihr Recht anders nicht, als so, könnt geben,
So tretet ab: vielleicht kanns Euer Schreiber.

ADAM:
Erlaubt! Ich gabs, wie's hier in Huisum üblich;
Ew. Gnaden habens also mir befohlen.

WALTER:
Ich hätt —?

ADAM:
Auf meine Ehre!

WALTER:
Ich befahl Euch,
Recht hier nach den Gesetzen zu erteilen;
Und hier in Huisum glaubt ich die Gesetze
Wie anderswo in den vereinten Staaten.

ADAM:
Da muß submiß ich um Verzeihung bitten!
Wir haben hier, mit Euerer Erlaubnis,
Statuten, eigentümliche, in Huisum,
Nicht aufgeschriebene, muß ich gestehn, doch durch
Bewährte Tradition uns überliefert.
Von dieser Form, getrau ich mir zu hoffen,
Bin ich noch heut kein Jota abgewichen.
Doch auch in Eurer andern Form bin ich,
Wie sie im Reich mag üblich sein, zu Hause.
Verlangt Ihr den Beweis? Wohlan, befehlt!
Ich kann Recht so jetzt, jetzo so erteilen.

WALTER:
Ihr gebt mir schlechte Meinungen, Herr Richter.
Es sei. Ihr fangt von vorn die Sache an. —

ADAM:
Auf Ehr! Gebt acht, Ihr sollt zufrieden sein.
—Frau Marthe Rull! Bringt Eure Klage vor.

FRAU MARTHE:
Ich klag, Ihr wißts, hier wegen dieses Krugs;
Jedoch vergönnt, daß ich, bevor ich melde,
Was diesem Krug geschehen, auch beschreibe,
Was er vorher mir war.

ADAM:
Das Reden ist an Euch.

FRAU MARTHE:
Seht ihr den Krug, ihr wertgeschätzten Herren?
Seht ihr den Krug?

ADAM:
O ja, wir sehen ihn.

FRAU MARTHE:
Nichts seht ihr, mit Verlaub, die Scherben seht ihr;
Der Krüge schönster ist entzwei geschlagen.
Hier grade auf dem Loch, wo jetzo nichts,
Sind die gesamten niederländischen Provinzen
Dem span'schen Philipp übergeben worden.
Hier im Ornat stand Kaiser Karl der Fünfte:
Von dem seht ihr nur noch die Beine stehn.
Hier kniete Philipp und empfing die Krone;
Der liegt im Topf, bis auf den Hinterteil,
Und auch noch der hat einen Stoß empfangen.
Dort wischten seine beiden Muhmen sich,

Der Franzen und der Ungarn Königinnen,
Gerührt die Augen aus; wenn man die eine
Die Hand noch mit dem Tuch empor sieht heben,
So ists, als weinete sie über sich.
Hier im Gefolge stützt sich Philibert,
Für den den Stoß der Kaiser aufgefangen,
Noch auf das Schwert; doch jetzo müßt er fallen,
So gut wie Maximilian: der Schlingel!
Die Schwerter unten jetzt sind weggeschlagen.
Hier in der Mitte, mit der heil'gen Mütze,
Sah man den Erzbischof von Arras stehn;
Den hat der Teufel ganz und gar geholt,
Sein Schatten nur fällt lang noch übers Pflaster.
Hier standen rings, im Grunde, Leibtrabanten,
Mit Hellebarden, dicht gedrängt, und Spießen,
Hier Häuser, seht, vom großen Markt zu Brüssel,
Hier guckt noch ein Neugier'ger aus dem Fenster:
Doch was er jetzo sieht, das weiß ich nicht.

ADAM:
Frau Marth! Erlaßt uns das zerscherbte Paktum,
Wenn es zur Sache nicht gehört.
Uns geht das Loch-nichts die Provinzen an,
Die darauf übergeben worden sind.

FRAU MARTHE:
Erlaubt! Wie schön der Krug, gehört zur Sache!
Den Krug erbeutete sich Childerich,
Der Kesselflicker, als Oranien
Briel mit den Wassergeusen überrumpelte.
Ihn hatt ein Spanier, gefüllt mit Wein,
Just an den Mund gesetzt, als Childerich
Den Spanier von hinten niederwarf,
Den Krug ergriff, ihn leert' und weiterging.

ADAM:
Ein würd'ger Wassergeuse.

FRAU MARTHE:
Hierauf vererbte
Der Krug auf Fürchtegott, den Totengräber;
Der trank zu dreimal nur, der Nüchterne,
Und stets vermischt mit Wasser aus dem Krug.
Das erstemal, als er im Sechzigsten
Ein junges Weib sich nahm; drei Jahre drauf,
Als sie noch glücklich ihn zum Vater machte;
Und als sie jetzt noch funfzehn Kinder zeugte,
Trank er zum dritten Male, als sie starb.

ADAM.
Gut. Das ist auch nicht übel.

FRAU MARTHE:
Drauf fiel der Krug
An den Zachäus, Schneider in Tirlemont,

Der meinem sel'gen Mann, was ich euch jetzt
Berichten will, mit eignem Mund erzählt.
Der warf, als die Franzosen plünderten,
Den Krug, samt allem Hausrat, aus dem Fenster,
Sprang selbst, und brach den Hals, der Ungeschickte,
Und dieser irdne Krug, der Krug von Ton,
Aufs Bein kam er zu stehen, und blieb ganz.

ADAM:
Zur Sache, wenns beliebt, Frau Marthe Rull! Zur Sache!

FRAU MARTHE:
Drauf in der Feuersbrunst von sechsundsechzig,
Da hatt ihn schon mein Mann, Gott hab ihn selig —

ADAM:
Zum Teufel! Weib! So seid Ihr noch nicht fertig?

FRAU MARTHE:
—Wenn ich nicht reden soll, Herr Richter Adam,
So bin ich unnütz hier, so will ich gehn,
Und ein Gericht mir suchen, das mich hört.

WALTER:
Ihr sollt hier reden: doch von Dingen nicht,
Die Eurer Klage fremd. Wenn Ihr uns sagt,
Daß jener Krug Euch wert, so wissen wir
So viel, als wir zum Richten hier gebrauchen.

FRAU MARTHE:
Wie viel ihr brauchen möget, hier zu richten,
Das weiß ich nicht, und untersuch es nicht;
Das aber weiß ich, daß ich, um zu klagen,
Muß vor euch sagen dürfen, über was.

WALTER:
Gut denn. Zum Schluß jetzt. Was geschah dem Krug?
Was? —Was geschah dem Krug im Feuer
Von Anno sechsundsechzig? Wird mans hören?
Was ist dem Krug geschehn?

FRAU MARTHE:
Was ihm geschehen?
Nichts ist dem Krug, ich bitt euch sehr, ihr Herren,
Nichts Anno sechsundsechzig ihm geschehen.
Ganz blieb der Krug, ganz in der Flammen Mitte,
Und aus des Hauses Asche zog ich ihn
Hervor, glasiert, am andern Morgen, glänzend,
Als käm er eben aus dem Töpferofen.

WALTER:
Nun gut. Nun kennen wir den Krug. Nun wissen
Wir alles, was dem Krug geschehn, was nicht.
Was gibts jetzt weiter?

FRAU MARTHE:
Nun, diesen Krug jetzt, seht-den Krug,
Zertrümmert einen Krug noch wert, den Krug
Für eines Fräuleins Mund, die Lippe selbst
Nicht der Frau Erbstatthalterin zu schlecht,
Den Krug, ihr hohen Herren Richter beide,
Den Krug hat jener Schlingel mir zerbrochen.

ADAM:
Wer?

FRAU MARTHE:
Er, der Ruprecht dort.

RUPRECHT:
Das ist gelogen, Herr Richter.

ADAM:
Schweig Er, bis man Ihn fragen wird.
Auch heut an Ihn noch wird die Reihe kommen.
—Habt Ihrs im Protokoll bemerkt?

LICHT:
O ja.

ADAM:
Erzählt den Hergang, würdige Frau Marthe.

FRAU MARTHE:
Es war Uhr elfe gestern —

ADAM:
Wann, sagt Ihr?

FRAU MARTHE:
Uhr elf.

ADAM:
Am Morgen?

FRAU MARTHE:
Nein, verzeiht, am Abend —
Und schon die Lamp im Bette wollt ich löschen,
Als laute Männerstimmen, ein Tumult,
In meiner Tochter abgelegnen Kammer,
Als ob der Feind einbräche, mich erschreckt.
Geschwind die Trepp eil ich hinab, ich finde
Die Kammertür gewaltsam eingesprengt,
Schimpfreden schallen wütend mir entgegen,
Und da ich mir den Auftritt jetzt beleuchte,
Was find ich jetzt, Herr Richter, was jetzt find ich?
Den Krug find ich zerscherbt im Zimmer liegen,
In jedem Winkel brüchig liegt ein Stück,
Das Mädchen ringt die Händ, und er, der Flaps dort,
Der trotzt, wie toll, Euch in des Zimmers Mitte.

ADAM:
Ei, Wetter!

FRAU MARTHE:
Was?

ADAM:
Sieh da, Frau Marthe!

FRAU MARTHE:
Ja! —
Drauf ists, als ob, in so gerechtem Zorn,
Mir noch zehn Arme wüchsen, jeglichen
Fühl ich mir wie ein Geier ausgerüstet.
Ihn stell ich dort zur Rede, was er hier
In später Nacht zu suchen, mir die Krüge
Des Hauses tobend einzuschlagen habe;
Und er, zur Antwort gibt er mir, jetzt ratet —
Der Unverschämte! Der Halunke, der!
Aufs Rad will ich ihn sehen, oder mich
Nicht mehr geduldig auf den Rücken legen;
Er spricht, es hab ein anderer den Krug
Vom Sims gestürzt-ein anderer, ich bitt Euch,
Der vor ihm aus der Kammer nur entwichen;
—Und überhäuft mit Schimpf mir da das Mädchen.

ADAM:
O! faule Fische-Hierauf?

FRAU MARTHE:
Auf dies Wort
Seh ich das Mädchen fragend an; die steht
Gleich einer Leiche da, ich sage: Eve!
Sie setzt sich. —Ists ein anderer gewesen?
Frag ich. Und "Joseph und Marie", ruft sie,
"Was denkt Ihr, Mutter, auch?" —So sprich! Wer wars?
"Wer sonst", sagt sie, —und wer auch konnt es anders?
Und schwört mir zu, daß ers gewesen ist.

EVE:
Was schwor ich Euch? Was hab ich Euch geschworen?
Nichts schwor ich, nichts Euch —

FRAU MARTHE:
Eve!

EVE:
Nein! Dies lügt Ihr —

RUPRECHT:
Da hört Ihrs.

ADAM:
Hund, jetzt, verfluchter, schweig,
Soll hier die Faust den Rachen dir nicht stopfen!
Nachher ist Zeit für dich, nicht jetzt.

FRAU MARTHE:
Du hättest nicht —?

EVE:
Nein, Mutter! Dies verfälscht Ihr.
Seht, leid tuts in der Tat mir tief zur Seele,
Daß ich es öffentlich erklären muß:
Doch nichts schwor ich, nichts, nichts hab ich geschworen.

ADAM:
Seid doch vernünftig, Kinder.

LICHT:
Das ist ja seltsam.

FRAU MARTHE:
Du hättest mir, o Eve, nicht versichert
Nicht Joseph und Maria angerufen?

EVE:
Beim Schwur nicht! Schwörend nicht! Seht, dies jetzt schwör ich,
Und Joseph und Maria ruf ich an.

ADAM:
Ei, Leutchen! Ei, Frau Marthe! Was auch macht Sie?
Wie schüchtert Sie das gute Kind auch ein!
Wenn sich die Jungfer wird besonnen haben,
Erinnert ruhig dessen, was geschehen,
—Ich sage, was geschehen ist, und was,
Spricht sie nicht, wie sie soll, geschehn noch kann:
Gebt acht, so sagt sie heut uns aus, wie gestern,
Gleichviel, ob sie's beschwören kann, ob nicht.
Laßt Joseph und Maria aus dem Spiele.

WALTER:
Nicht doch, Herr Richter, nicht! Wer wollte den
Parteien so zweideut'ge Lehren geben.

FRAU MARTHE:
Wenn sie ins Angesicht mir sagen kann,
Schamlos, die liederliche Dirne, die,
Daß es ein andrer als der Ruprecht war,
So mag meinetwegen sie-ich mag nicht sagen, was.
Ich aber, ich versichr es Euch, Herr Richter,
Und kann ich gleich nicht, daß sie's schwor, behaupten,
Daß sie's gesagt hat gestern, das beschwör ich,
Und Joseph und Maria ruf ich an.

ADAM:
Nun weiter will ja auch die Jungfer —

WALTER:
Herr Richter!

ADAM:
Ew. Gnaden? Was sagt er? —Nicht, Herzens-Evchen.

FRAU MARTHE:
Heraus damit! Hast du's mir nicht gesagt?
Hast du's mir gestern nicht, mir nicht gesagt?

EVE:
Wer leugnet Euch, daß ichs gesagt —

ADAM:
Da habt Ihrs.

RUPRECHT:
Die Metze, die!

ADAM:
Schreibt auf.

VEIT:
Pfui, schäm Sie sich.

WALTER:
Von Eurer Aufführung, Herr Richter Adam,
Weiß ich nicht, was ich denken soll. Wenn Ihr selbst
Den Krug zerschlagen hättet, könntet Ihr
Von Euch ab den Verdacht nicht eifriger
Hinwälzen auf den jungen Mann, als jetzt.
Ihr setzt nicht mehr ins Protokoll, Herr Schreiber,
Als nur der Jungfer Eingeständnis, hoff ich.
Vom gestrigen Geständnis, nicht vom Fakto.
—Ists an die Jungfer jetzt schon, auszusagen?

ADAM:
Mein Seel, wenns ihre Reihe noch nicht ist,
In solchen Dingen irrt der Mensch, Ew. Gnaden.
Wen hätt ich fragen sollen jetzt? Beklagten?
Auf Ehr! Ich nehme gute Lehre an.

WALTER:
Wie unbefangen! —Ja, fragt den Beklagten.
Fragt, macht ein Ende, fragt, ich bitt Euch sehr:
Dies ist die letzte Sache, die Ihr führt.

ADAM:
Die letzte! Was! Ei freilich! Den Beklagten!
Wohin auch, alter Richter, dachtest du?
Verflucht das pips'ge Perlhuhn mir! Daß es
Krepiert wär an der Pest in Indien!
Stets liegt der Kloß von Nudeln mir im Sinn.

WALTER:
Was liegt? Was für ein Kloß liegt Euch —?

ADAM:
Der Nudelkloß,
Verzeiht, den ich dem Huhne geben soll.
Schluckt mir das Aas die Pille nicht herunter,
Mein Seel, so weiß ich nicht, wie's werden wird.

WALTER:
Tut Eure Schuldigkeit, sag ich, zum Henker!

ADAM:
Beklagter trete vor.

RUPRECHT:
Hier, Herr Dorfrichter.
Ruprecht, Veits, des Kossäten, Sohn, aus Huisum.

ADAM:
Vernahm Er dort, was vor Gericht soeben
Frau Marthe gegen Ihn hat angebracht?

RUPRECHT:
Ja, Herr Dorfrichter, das hab ich.

ADAM:
Getraut Er sich
Etwas dagegen aufzubringen, was?
Bekennt Er, oder unterfängt Er sich,
Hier wie ein gottvergeßner Mensch zu leugnen?

RUPRECHT:
Was ich dagegen aufzubringen habe,
Herr Richter? Ei! Mit Euerer Erlaubnis,
Daß sie kein wahres Wort gesprochen hat.

ADAM:
So? Und das denkt Er zu beweisen?

RUPRECHT:
O ja.

ADAM:
Die würdige Frau Marthe, die —
Beruhige Sie sich. Es wird sich finden.

WALTER:
Was geht Ihm die Frau Marthe an, Herr Richter?

ADAM:
Was mir —? Bei Gott! Soll ich als Christ —?

WALTER:
Bericht'
Er, was Er für sich anzuführen hat. —
Herr Schreiber, wißt Ihr den Prozeß zu führen?

ADAM:
Ach, was!

LICHT:
Ob ich—ei nun, wenn Ew. Gnaden

ADAM:
Was glotzt Er da? Was hat Er aufzubringen?
Steht nicht der Esel wie ein Ochse da?
Was hat Er aufzubringen?

RUPRECHT:
Was ich aufzubringen?

WALTER:
Er, ja, Er soll den Hergang jetzt erzählen.

RUPRECHT:
Mein Seel, wenn man zu Wort mich kommen ließe.

Walter 's ist in der Tat, Herr Richter, nicht zu dulden.

RUPRECHT:
Glock zehn Uhr mocht es etwa sein zu Nacht,
Und warm just diese Nacht des Januars
Wie Mai, —als ich zum Vater sage: Vater!
Ich will ein bissel noch zur Eve gehn.
Denn heuren wollt ich sie, das müßt Ihr wissen;
Ein rüstig Mädel ists, ich habs beim Ernten
gesehn, wie alles von der Faust ihr ging,
Und ihr das Heu man flog, als wie gemaust.
Das sagt ich: Willst du? Und sie sagte: ”Ach!
Was du da gakelst.” Und nachher sagt' sie: “Ja.”

ADAM:
Bleib Er bei seiner Sache. Gakeln! Was!
Ich sagte: Willst du? Und sie sagte: Ja.

RUPRECHT:
Ja, meiner Treu, Herr Richter.

WALTER:
Weiter! Weiter!

RUPRECHT:
Nun —
Da sagt ich: Vater, hört Er? Laß Er mich.
Wir schwatzen noch am Fenster was zusammen.
“Na”, sagt er, “lauf; bleibst du auch draußen?” sagt er.
Ja, meiner Seel, sag ich, das ist geschworen.
“Na”, sagt er, “lauf, um elfe bist du hier.”

ADAM:
Na, so sag du, und gakle, und kein Ende.
Na, hat er bald sich ausgesagt?

RUPRECHT:
Na, sag ich,
Das ist ein Wort, und setz die Mütze auf,
Und geh; und übern Steig will ich, und muß
Durchs Dorf zurückgehn, weil der Bach geschwollen.
Ei, alle Wetter, denk ich, Ruprecht, Schlag!
Nun ist die Gartentür bei Marthens zu:
Denn bis um zehn läßts Mädel sie nur offen,
Wenn ich um zehn nicht da bin, komm ich nicht.

ADAM:
Die liederliche Wirtschaft, die.

WALTER:
Drauf weiter?

RUPRECHT:
Drauf-wie ich übern Lindengang mich näh're,
Bei Marthens, wo die Reihen dicht gewölbt
Und dunkel, wie der Dom zu Utrecht, sind,
Hör ich die Gartentüre fernher knarren.
Sieh da! Da ist die Eve noch! sag ich,
Und schicke freudig Euch, von wo die Ohren
Mir Kundschaft brachten, meine Augen nach
—Und schelte sie, da sie mir wiederkommen,
Für blind, und schicke auf der Stelle sie
Zum zweitenmal, sich besser umzusehen,
Und schimpfe sie nichtswürdige Verleumder,
Aufhetzer, niederträcht'ge Ohrenbläser,
Und schicke sie zum drittenmal, und denke,
Sie werden, weil sie ihre Pflicht getan,
Unwillig los sich aus dem Kopf mir reißen,
Und sich in einen andern Dienst begeben:
Die Eve ists, am Latz erkenn ich sie,
Und einer ists noch obenein.

ADAM:
So? Einer noch? Und wer, Er Klugschwätzer?

RUPRECHT:
Wer? Ja, mein Seel, da fragt Ihr mich —

ADAM:
Nun also!
Und nicht gefangen, denk ich, nicht gehangen.

WALTER:
Fort! Weiter in der Rede! Laßt ihn doch!
Was unterbracht Ihr ihn, Herr Dorfrichter?

RUPRECHT:
Ich kann das Abendmahl darauf nicht nehmen,
Stockfinster wars, und alle Katzen grau.
Doch müßt Ihr wissen, daß der Flickschuster,
Der Lebrecht, den man kürzlich losgesprochen,
Dem Mädel längst mir auf die Fährte ging.
Ich sagte vor'gen Herbst schon: Eve, höre,
Der Schuft schleicht mir ums Haus, das mag ich nicht;
Sag ihm, daß du kein Braten bist für ihn,
Mein Seel, sonst werf ich ihn vom Hof herunter.
Die spricht: "Ich glaub, du schierst mich", sagt ihm was,
Das ist nicht hin, nicht her, nicht Fisch, nicht Fleisch:
Drauf geh ich hin und werf den Schlingel herunter.

ADAM:
So? Lebrecht heißt der Kerl?

RUPRECHT:
Ja, Lebrecht.

ADAM:
Gut.
Das ist ein Nam. Es wird sich alles finden.
—Habt Ihrs bemerkt im Protokoll, Herr Schreiber?

LICHT:
O ja, und alles andere, Herr Richter.

ADAM:
Sprich weiter, Ruprecht, jetzt, mein Sohn.

RUPRECHT:
Nun schießt,
Da ich Glock elf das Pärchen hier begegne,
—Glock zehn Uhr zog ich immer ab-das Blatt mir.
Ich denke: halt, jetzt ists noch Zeit, o Ruprecht,
Noch wachsen dir die Hirschgeweihe nicht;
Hier mußt du sorgsam dir die Stirn befühlen,
Ob dir von fern hornartig etwas keimt.
Und drücke sacht mich durch die Gartenpforte,
Und berg in einem Strauch von Taxus mich,
Und hör Euch ein Gefispre hier, ein Scherzen,
Ein Zerren hin, Herr Richter, Zerren her,
Mein Seel, ich denk, ich soll vor Lust —

EVE:
Du Bösewicht!
Was das, o, schändlich ist von dir!

FRAU MARTHE:
Halunke!
Dir weis ich noch einmal, wenn wir allein sind,
Die Zähne! Wart! Du weißt noch nicht, wo mir
Die Haare wachsen! Du sollsts erfahren!

RUPRECHT:
Ein Viertelstündchen dauerts so; ich denke:
Was wirds doch werden, ist doch heut nicht Hochzeit?
Und eh ich den Gedanken ausgedacht,
Husch! sind sie beid ins Haus schon, vor dem Pastor.

EVE:
Geht, Mutter, mag es werden, wie es will —

ADAM:
Schweig du mir dort, tat ich, das Donnerwetter
Schlägt über dich ein, unberufne Schwätzerin!
Wart, bis ich auf zur Red dich rufen werde.

WALTER:
Sehr sonderbar, bei Gott!

RUPRECHT:
Jetzt hebt, Herr Richter Adam,
Jetzt hebt sichs, wie ein Blutsturz, mir. Luft!
Da mir der Knopf am Brustlatz springt: Luft jetzt!

Und reiße mir den Latz auf: Luft jetzt, sag ich!
Und geh, und drück, und tret und donnere,
Da ich der Dirne Tür verriegelt finde,
Gestemmt, mit Macht, auf einen Tritt, sie ein.

ADAM:
Blitzjunge, du!

RUPRECHT:
Just da sie auf jetzt rasselt,
Stürzt dort der Krug vom Sims ins Zimmer hin,
Und husch! springt einer aus dem Fenster Euch:
Ich seh die Schöße noch vom Rocke wehn.

ADAM:
War das der Leberecht?

RUPRECHT:
Wer sonst, Herr Richter?
Das Mädchen steht, die werf ich übern Haufen,
Zum Fenster eil ich hin, und find den Kerl
Noch in den Pfählen hangen, am Spalier,
Wo sich das Weinlaub aufrankt bis zum Dach.
Und da die Klinke in der Hand mir blieb,
Als ich die Tür eindonnerte, so reiß ich
Jetzt mit dem Stahl eins pfundschwer übern Detz ihm:
Den just, Herr Richter, konnt ich noch erreichen.

ADAM:
Wars eine Klinke?

RUPRECHT:
Was?

ADAM:
Obs —

RUPRECHT:
Ja, die Türklinke.

ADAM:
Darum.

LICHT:
Ihr glaubtet wohl, es war ein Degen?

ADAM:
Ein Degen? Ich-wieso?

RUPRECHT:
Ein Degen!

LICHT:
Je nun!
Man kann sich wohl verhören. Eine Klinke
Hat sehr viel Ähnlichkeit mit einem Degen.

ADAM:
Ich glaub —!

LICHT:
Bei meiner Treu! Der Stiel, Herr Richter?

ADAM:
Der Stiel!

RUPRECHT:
Der Stiel! Der wars nun aber nicht.
Der Klinke umgekehrtes Ende wars.

ADAM:
Das umgekehrte Ende wars der Klinke!

LICHT:
So! So!

RUPRECHT:
Doch auf dem Griffe lag ein Klumpen
Blei, wie ein Degengriff, das muß ich sagen.

ADAM:
Ja, wie ein Griff.

LICHT:
Gut. Wie ein Degengriff.
Doch irgendeine tück'sche Waffe mußt es
Gewesen sein. Das wußt ich wohl.

WALTER:
Zur Sache stets, Ihr Herren, doch! Zur Sache!

ADAM:
Nichts als Allotrien, Herr Schreiber! —Er, weiter!

RUPRECHT:
Jetzt stürzt der Kerl, und ich schon will mich wenden,
Als ichs im Dunkeln auf sich rappeln sehe.
Ich denke: lebst du noch? und steig aufs Fenster
Und will dem Kerl das Gehen unten legen:
Als jetzt, Ihr Herrn, da ich zum Sprung just aushol,
Mir eine Handvoll grobgekörnten Sandes —
Und Kerl und Nacht und Welt und Fensterbrett,
Worauf ich steh, denk ich nicht, straf mich Gott,
Das alles fällt in einen Sack zusammen —
Wie Hagel, stiebend, in die Augen fliegt.

ADAM:
Verflucht! Sieh da! Wer tat das?

RUPRECHT:
Wer? Der Lebrecht.

ADAM:
Halunke!

RUPRECHT:
Meiner Treu! Wenn ers gewesen.

ADAM:
Wer sonst!

RUPRECHT:
Als stürzte mich ein Schloßenregen
Von eines Bergs zehn Klaftern hohem Abhang,
So schlag ich jetzt vom Fenster Euch ins Zimmer:
Ich denk, ich schmettere den Boden ein.
Nun brech ich mir den Hals doch nicht, auch nicht
Das Kreuz mir, Hüften, oder sonst, inzwischen
Konnt ich des Kerls doch nicht mehr habhaft werden,
Und sitze auf, und wische mir die Augen.
Die kommt, und: "Ach, Herr Gott!" ruft sie, und: "Ruprecht!
Was ist dir auch?" Mein Seel, ich hob den Fuß,
Gut wars, daß ich nicht sah, wohin ich stieß.

ADAM:
Kam das vom Sande noch?

RUPRECHT:
Vom Sandwurf, ja.

ADAM:
Verdammt! Der traf!

RUPRECHT:
Da ich jetzt aufersteh, —
Was sollt ich auch die Fäuste hier mir schänden? —
So schimpf ich sie, und sage: Liederliche Metze,
Und denke, das ist gut genug für sie.
Doch Tränen, seht, ersticken mir die Sprache.
Denn da Frau Marthe jetzt ins Zimmer tritt,
Die Lampe hebt, und ich das Mädchen dort
Jetzt schlotternd, zum Erbarmen, vor mir sehe,
Sie, die so herzhaft sonst wohl um sich sah,
So sag ich zu mir: blind ist auch nicht übel.
Ich hätte meine Augen hingegeben,
Knippkügelchen, wer will, damit zu spielen.

EVE:
Er ist nicht wert, der Bösewicht —

ADAM:
Sie soll schweigen!

RUPRECHT:
Das Weitre wißt Ihr.

ADAM:
Wie, das Weitere?

RUPRECHT:
Nun ja, Frau Marthe kam, und geiferte,
Und Ralf, der Nachbar, kam, und Hinz, der Nachbar,
Und Muhme Sus' und Muhme Liese kamen.
Und Knecht' und Mägd' und Hund' und Katzen kamen,
's war ein Spektakel, und Frau Marthe fragte
Die Jungfer dort, wer ihr den Krug zerschlagen,
Und die, die sprach, Ihr wißts, daß ichs gewesen.
Mein Seel, sie hat so unrecht nicht, Ihr Herren.
Den Krug, den sie zu Wasser trug, zerschlug ich,
Und der Flickschuster hat im Kopf ein Loch.

ADAM:
Frau Marthe! Was entgegnet Ihr der Rede?
Sagt an!

FRAU MARTHE:
Was ich der Red entgegene?
Daß sie, Herr Richter, wie der Marder einbricht,
Und Wahrheit wie ein gakelnd Huhn erwürgt.
Was Recht liebt, sollte zu den Keulen greifen,
Um dieses Ungetüm der Nacht zu tilgen.

ADAM:
Da wird Sie den Beweis uns führen müssen.

FRAU MARTHE:
O ja, sehr gern. Hier ist mein Zeuge. —Rede!

ADAM:
Die Tochter? Nein, Frau Marthe.

WALTER:
Nein? Warum nicht?

ADAM:
Als Zeugin, gnädiger Herr? Steht im Gesetzbuch
Nicht titulo, ists quarto? —oder quinto!
Wenn Krüge oder sonst, was weiß ich?
Von jungen Bengeln sind zerschlagen worden,
So zeugen Töchter ihren Müttern nicht?

WALTER:
In Eurem Kopf liegt Wissenschaft und Irrtum
Geknetet, innig, wie ein Teig, zusammen;
Mit jedem Schnitte gebt Ihr mir von beidem.
Die Jungfer zeugt noch nicht, sie deklariert jetzt;
Ob, und für wen, sie zeugen will und kann,
Wird erst aus der Erklärung sich ergeben.

ADAM:
Ja, deklarieren. Gut. Titulo sexto.
Doch was sie sagt, das glaubt man nicht.

WALTER:

Tritt vor, mein junges Kind.

ADAM:
He! Lies'! —Erlaubt!
Die Zunge wird sehr trocken mir-Margrete!

Achter Auftritt

Eine Magd tritt auf. Die Vorigen.

ADAM:
Ein Glas mit Wasser! —

DIE MAGD:
Gleich!
(Ab.)

ADAM:
Kann ich Euch gleichfalls —?

WALTER:
Ich danke.

ADAM:

Franz? oder Mos'ler? Was Ihr wollt.

Walter verneigt sich; die Magd bringt Wasser und entfernt sich.

Neunter Auftritt

Walter. Adam. Frau Marthe usw. ohne die Magd.

ADAM:
—Wenn ich freimütig reden darf, Ihr Gnaden,
Die Sache eignet gut sich zum Vergleich.

WALTER:
Sich zum Vergleich? Das ist nicht klar, Herr Richter.
Vernünft'ge Leute können sich vergleichen;
Doch wie Ihr den Vergleich schon wollt bewirken,
Da noch durchaus die Sache nicht entworren,
Das hätt ich wohl von Euch zu hören Lust.
Wie denkt Ihrs anzustellen, sagt mir an?
Habt Ihr ein Urteil schon gefaßt?

ADAM:
Mein Seel!
Wenn ich, da das Gesetz im Stich mich läßt,
Philosophie zu Hilfe nehmen soll,
So wars-der Leberecht —

WALTER:
Wer?

ADAM:
Oder Ruprecht —

WALTER:
Wer?

ADAM:
Oder Lebrecht, der den Krug zerschlug.

WALTER:
Wer also wars? Der Lebrecht oder Ruprecht?
Ihr greift, ich seh, mit Eurem Urteil ein,
Wie eine Hand in einen Sack voll Erbsen.

ADAM:
Erlaubt!

WALTER:
Schweigt, schweigt, ich bitt Euch.

ADAM:
Wie Ihr wollt.
Auf meine Ehr, mir wärs vollkommen recht,
Wenn sie es alle beid gewesen wären.

WALTER:
Fragt dort, so werdet Ihrs erfahren.

ADAM:
Sehr gern.
Doch wenn Ihrs herausbekommt, bin ich ein Schuft.
—Habt Ihr das Protokoll da in Bereitschaft?

LICHT:
Vollkommen.

ADAM:
Gut.

LICHT:
Und brech ein eignes Blatt mir,
Begierig, was darauf zu stehen kommt.

ADAM:
Ein eignes Blatt? Auch gut.

WALTER:
Sprich dort, mein Kind!

ADAM:
Sprich, Evchen, hörst du, sprich jetzt, Jungfer Evchen!
Gib Gotte, hörst du, Herzchen, gib, mein Seel,
Ihm und der Welt, gib ihm was von der Wahrheit.
Denk, daß du hier vor Gottes Richtstuhl bist,
Und daß du deinen Richter nicht mit Leugnen,
Und Plappern, was zur Sache nicht gehört,
Betrüben mußt. Ach, was! Du bist vernünftig.
Ein Richter immer, weißt du, ist ein Richter,
Und einer braucht ihn heut, und einer morgen.
Sagst du, daß es der Lebrecht war: nun gut;
Und sagst du, daß es Ruprecht war: auch gut!
Sprich so, sprich so, ich bin kein ehrlicher Kerl,
Es wird sich alles, wie du wünschest, finden.
Willst du mir hier von einem andern trätschen,
Und dritten etwa, dumme Namen nennen:
Sieh, Kind, nimm dich in acht, ich sag nichts weiter.
In Huisum, hols der Henker, glaubt dirs keiner,
Und keiner, Evchen, in den Niederlanden;
Du weißt, die weißen Wände zeugen nicht,
Der auch wird zu verteidigen sich wissen:
Und deinen Ruprecht holt die Schwerenot!

WALTER:
Wenn Ihr doch Eure Reden lassen wolltet.
Geschwätz, gehauen nicht und nicht gestochen.

ADAM:
Verstehens Ew. Gnaden nicht?

WALTER:
Macht fort!
Ihr habt zulängst hier auf dem Stuhl gesprochen.

ADAM:
Auf Ehr! Ich habe nicht studiert, Ew. Gnaden.
Bin ich Euch Herrn aus Utrecht nicht verständlich,
Mit diesem Volk vielleicht verhält sichs anders:
Die Jungfer weiß, ich wette, was ich will.

FRAU MARTHE:
Was soll das? Dreist heraus jetzt mit der Sprache!

EVE:
O liebste Mutter!

FRAU MARTHE:
Du —! Ich rate dir!

RUPRECHT:
Mein Seel, 's ist schwer, Frau Marthe, dreist zu sprechen,
Wenn das Gewissen an der Kehl uns sitzt.

ADAM:
Schweig Er jetzt, Nasweis, mucks Er nicht.

FRAU MARTHE:
Wer wars?

EVE:
O Jesus.

FRAU MARTHE:
Maulaffe, der! Der niederträchtige!
O Jesus! Als ob sie eine Hure wäre.
Wars der Herr Jesus?

ADAM:
Frau Marthe! Unvernunft!
Was das für —! Laß Sie die Jungfer doch gewähren!
Das Kind einschrecken-Hure-Schafsgesicht!
So wird uns nichts. Sie wird sich schon besinnen.

RUPRECHT:
O ja, besinnen.

ADAM:
Flaps dort, schweig Er jetzt.

RUPRECHT:
Der Flickschuster wird ihr schon einfallen.

ADAM:
Der Satan! Ruft den Büttel! He! Hanfriede!

RUPRECHT:
Nun, nun! Ich schweig, Herr Richter, laßts nur sein.
Sie wird Euch schon auf meinen Namen kommen.

FRAU MARTHE:
Hör du, mach mir hier kein Spektakel, sag ich.
Hör, neunundvierzig bin ich alt geworden
In Ehren: funfzig möcht ich gern erleben.
Den dritten Februar ist mein Geburtstag;
Heut ist der erste. Mach es kurz. Wer wars?

ADAM:
Gut, meinethalben! Gut, Frau Marthe Rull!

FRAU MARTHE:
Der Vater sprach, als er verschied: "Hör, Marthe,
Dem Mädel schaff mir einen wackern Mann;
Und wird sie eine liederliche Metze,
So gib dem Totengräber einen Groschen,
Und laß mich wieder auf den Rücken legen:
Mein Seel, ich glaub, ich kehr im Grab mich um.

ADAM:
Nun, das ist auch nicht übel.

FRAU MARTHE:
Willst du Vater
Und Mutter jetzt, mein Evchen, nach dem vierten
Gebot hoch ehren, gut, so sprich: in meine Kammer
Ließ ich den Schuster, oder einen dritten,
Hörst du? Der Bräut'gam aber war es nicht.

RUPRECHT:
Sie jammert mich. Laßt doch den Krug, ich bitt Euch;
Ich will 'n nach Utrecht tragen. Solch ein Krug —
Ich wollt, ich hätt ihn nur entzwei geschlagen.

EVE:
Unedelmüt'ger, du! Pfui, schäme dich,
Daß du nicht sagst: gut, ich zerschlug den Krug!
Pfui, Ruprecht, pfui, o schäme dich, daß du
Mir nicht in meiner Tat vertrauen kannst.
Gab ich die Hand dir nicht, und sagte: ja,
Als du mich fragtest: "Eve, willst du mich?"
Meinst du, daß du den Flickschuster nicht wert bist?
Und hättest du durchs Schlüsselloch mich mit
Dem Lebrecht aus dem Kruge trinken sehen,
Du hättest denken sollen: Ev ist brav,
Es wird sich alles ihr zum Ruhme lösen,
Und ists im Leben nicht, so ist es Jenseits,
Und wenn wir auferstehn, ist auch ein Tag.

RUPRECHT:
Mein Seel, das dauert mir zu lange, Evchen.
Was ich mit Händen greife, glaub ich gern.

EVE:
Gesetzt, es wär der Leberecht gewesen,
Warum-des Todes will ich ewig sterben,
Hätt ichs dir Einzigen nicht gleich vertraut;
Jedoch warum vor Nachbarn, Knecht' und Mägden —
Gesetzt, ich hätte Gründ, es zu verbergen,
Warum, o Ruprecht, sprich, warum nicht sollt ich
Auf dein Vertraun hin sagen, daß du's warst?
Warum nicht sollt ichs? Warum sollt ichs nicht?

RUPRECHT:
Ei, so zum Henker, sags, es ist mir recht,
Wenn du die Fiedel dir ersparen kannst.

EVE:
O du Abscheulicher! Du Undankbarer!
Wert, daß ich mir die Fiedel spare! Wert,
Daß ich mit Einem Wort zu Ehren mich,
Und dich in ewiges Verderben bringe.

WALTER:
Nun —? Und dies einz'ge Wort —? Halt uns nicht auf.
Der Ruprecht also war es nicht?

EVE:
Nein, gnäd'ger Herr, weil ers denn selbst so will,
Um seinetwillen nur verschwieg ich es:
Den irdnen Krug zerschlug der Ruprecht nicht,
Wenn ers Euch selber leugnet, könnt Ihrs glauben.

FRAU MARTHE:
Eve! Der Ruprecht nicht?

EVE:
Nein, Mutter, nein!
Und wenn ichs gestern sagte, wars gelogen.

FRAU MARTHE:
Hör, dir zerschlag ich alle Knochen!

Sie setzt den Krug nieder.

EVE:
Tut, was Ihr wollt.

WALTER DROHEND:
Frau Marthe!

ADAM:
He! Der Büttel! —
Schmeißt sie heraus dort, die verwünschte Vettel!
Warum solls Ruprecht just gewesen sein?
Hat Sie das Licht dabei gehalten, was?
Die Jungfer, denk ich, wird es wissen müssen:
Ich bin ein Schelm, wenns nicht der Lebrecht war.

FRAU MARTHE:
War es der Lebrecht etwa? Wars der Lebrecht?

Adam Sprich, Evchen, wars der Lebrecht nicht, mein Herzchen?

EVE:
Er Unverschämter, Er! Er Niederträcht'ger!
Wie kann Er sagen, daß es Lebrecht —

WALTER:
Jungfer!
Was untersteht Sie sich? Ist das mir der
Respekt, den Sie dem Richter schuldig ist?

EVE:
Ei, was! Der Richter dort! Wert, selbst vor dem
Gericht, ein armer Sünder, dazustehn —
—Er, der wohl besser weiß, wer es gewesen!

Sich zum Dorfrichter wendend.

HAT ER DEN LEBRECHT IN DIE STADT NICHT GESTERN:
Geschickt nach Utrecht, vor die Kommission,
Mit dem Attest, der die Rekruten aushebt?
Wie kann Er sagen, daß es Lebrecht war,
Wenn Er wohl weiß, daß der in Utrecht ist?

ADAM:
Nun, wer denn sonst? Wenns Lebrecht nicht, zum Henker —
Nicht Ruprecht ist, nicht Lebrecht ist-Was machst du?

RUPRECHT:
Mein Seel, Herr Richter Adam, laßt Euch sagen,
Hierin mag doch die Jungfer just nicht lügen.
Dem Lebrecht bin ich selbst begegnet gestern,
Als er nach Utrecht ging, früh wars Glock acht,
Und wenn er auf ein Fuhrwerk sich nicht lud,
Hat sich der Kerl, krummbeinig wie er ist,
Glock zehn Uhr nachts noch nicht zurückgehaspelt.
Es kann ein dritter wohl gewesen sein.

ADAM:
Ach was! Krummbeinig! Schafsgesicht! Der Kerl
Geht seinen Stiefel, der, trotz einem.
Ich will von ungespaltnem Leibe sein,
Wenn nicht ein Schäferhund von mäß'ger Größe
Muß seinen Trab gehn, mit ihm fortzukommen.

WALTER:
Erzähl den Hergang uns.

ADAM:
Verzeihn Ew. Gnaden!
Hierauf wird Euch die Jungfer schwerlich dienen.

WALTER:
Nicht dienen? Mir nicht dienen? Und warum nicht?

ADAM:
Ein twatsches Kind. Ihr sehts. Gut, aber twatsch.
Blutjung, gefirmelt kaum; das schämt sich noch,
Wenns einen Bart von weitem sieht. So 'n Volk,
Im Finstern leiden sie's, und wenn es Tag wird,
So leugnen sie's vor ihrem Richter ab.

WALTER:
Ihr seid sehr nachsichtsvoll, Herr Richter Adam,
Sehr mild, in allem, was die Jungfer angeht.

ADAM:
Die Wahrheit Euch zu sagen, Herr Gerichtsrat,
Ihr Vater war ein guter Freund von mir.
Wollen Ew. Gnaden heute huldreich sein,
So tun wir hier nicht mehr, als unsre Pflicht,
Und lassen seine Tochter gehn.

WALTER:
Ich spüre große Lust in mir, Herr Richter,
Der Sache völlig auf den Grund zu kommen. —
Sei dreist, mein Kind; sag, wer den Krug zerschlagen.
Vor niemand stehst du, in dem Augenblick,
Der einen Fehltritt nicht verzeihen könnte.

EVE:
Mein lieber, würdiger und gnäd'ger Herr,
Erlaßt mir, Euch den Hergang zu erzählen.
Von dieser Weigrung denkt uneben nicht.
Es ist des Himmels wunderbare Fügung,
Die mir den Mund in dieser Sache schließt.
Daß Ruprecht jenen Krug nicht traf, will ich
Mit einem Eid, wenn Ihrs verlangt,
Auf heiligem Altar bekräftigen.
Jedoch die gestrige Begebenheit,
Mit jedem andern Zuge, ist mein eigen,
Und nicht das ganze Garnstück kann die Mutter,
Um eines einz'gen Fadens willen, fordern,
Der, ihr gehörig, durchs Gewebe läuft.
Ich kann hier, wer den Krug zerschlug, nicht melden,
Geheimnisse, die nicht mein Eigentum,
Müßt ich, dem Kruge völlig fremd, berühren.
Früh oder spät will ichs ihr anvertrauen,
Doch hier das Tribunal ist nicht der Ort,
Wo sie das Recht hat, mich darnach zu fragen.

ADAM:
Nein, Rechtens nicht. Auf meine Ehre, nicht.
Die Jungfer weiß, wo unsre Zäume hängen.
Wenn sie den Eid hier vor Gericht will schwören,
So fällt der Mutter Klage weg:
Dagegen ist nichts weiter einzuwenden.

WALTER:
Was sagt zu der Erklärung Sie, Frau Marthe?

FRAU MARTHE:
Wenn ich gleich was Erkleckliches nicht aufbringe
Gestrenger Herr, so glaubt, ich bitt Euch sehr,
Daß mir der Schlag bloß jetzt die Zunge lähmte.
Beispiele gibts, daß ein verlorner Mensch,
Um vor der Welt zu Ehren sich zu bringen,
Den Meineid vor dem Richtstuhl wagt; doch daß
Ein falscher Eid sich schwören kann, auf heil'gem
Altar, um an den Pranger hinzukommen,

Das heut erfährt die Welt zum erstenmal.
Wär, daß ein andrer, als der Ruprecht, sich
In ihre Kammer gestern schlich, gegründet,
Wärs überall nur möglich, gnäd'ger Herr,
Versteht mich wohl, —so säumt ich hier nicht länger.
Den Stuhl setzt ich, zur ersten Einrichtung,
Ihr vor die Tür, und sagte: geh, mein Kind,
Die Welt ist weit, da zahlst du keine Miete,
Und lange Haare hast du auch geerbt,
Woran du dich, kommt Zeit, kommt Rat, kannst hängen.

WALTER:
Ruhig, ruhig, Frau Marthe.

FRAU MARTHE:
Da ich jedoch
Hier den Beweis noch anders führen kann,
Als bloß durch sie, die diesen Dienst mir weigert,
Und überzeugt bin völlig, daß nur er
Mir, und kein anderer, den Krug zerschlug,
So bringt die Lust, es kurzhin abzuschwören,
Mich noch auf einen schändlichen Verdacht.
Die Nacht von gestern birgt ein anderes
Verbrechen noch, als bloß die Krugverwüstung.
Ich muß Euch sagen, gnäd'ger Herr, daß Ruprecht
Zur Konskription gehört, in wenig Tagen
Soll er den Eid zur Fahn in Utrecht schwören.
Die jungen Landessöhne reißen aus.
Gesetzt, er hätte gestern nacht gesagt:
"Was meinst du, Evchen? Komm. Die Welt ist groß.
Zu Kist und Kasten hast du ja die Schlüssel"
Und sie, sie hätt ein wenig sich gesperrt:
So hätte ohngefähr, da ich sie störte,
—Bei ihm aus Rach, aus Liebe noch bei ihr—
Der Rest, so wie geschehn, erfolgen können.

RUPRECHT:
Das Rabenaas! Was das für Reden sind!
Zu Kist und Kasten —

WALTER:
Still!

EVE:
Er, austreten!

WALTER:
Zur Sache hier. Vom Krug ist hier die Rede.
Beweis, Beweis, daß Ruprecht ihn zerbrach!

FRAU MARTHE:
Gut, gnäd'ger Herr. Erst will ich hier beweisen,
Daß Ruprecht mir den Krug zerschlug,
Und dann will ich im Hause untersuchen. —
Seht, eine Zunge, die mir Zeugnis redet,

Bring ich für jedes Wort auf, das er sagte,
Und hätt in Reihen gleich sie aufgeführt,
Wenn ich von fern geahndet nur, daß diese
Die ihrige für mich nicht brauchen würde.
Doch wenn Ihr Frau Brigitte jetzo ruft,
Die ihm die Muhm ist, so genügt mir die,
Weil die den Hauptpunkt just bestreiten wird.
Denn die, die hat Glock halb auf elf im Garten,
Merkt wohl, bevor der Krug zertrümmert worden,
Wortwechselnd mit der Ev ihn schon getroffen;
Und wie die Fabel, die er aufgestellt,
Vom Kopf zu Fuß dadurch gespalten wird,
Durch diese einz'ge Zung, ihr hohen Richter:
Das überlaß ich selbst euch einzusehn.

RUPRECHT:
Wer hat mich

VEIT:
Schwester Briggy?

RUPRECHT:
Mich mit Ev? Im Garten?

FRAU MARTHE:
Ihn mit der Ev, im Garten, Glock halb elf,
Bevor er noch, wie er geschwätzt, um elf
Das Zimmer überrumpelnd eingesprengt:
Im Wortgewechsel, kosend bald, bald zerrend,
Als wollt er sie zu etwas überreden.

ADAM FÜR SICH:
Verflucht! Der Teufel ist mir gut.

WALTER:
Schafft diese Frau herbei.

RUPRECHT:
Ihr Herrn, ich bitt euch:
Das ist kein wahres Wort, das ist nicht möglich.

ADAM:
O wart, Halunke! —He! Der Büttel! Hanfried! —
Denn auf der Flucht zerschlagen sich die Krüge —
—Herr Schreiber, geht, schafft Frau Brigitt herbei!

VEIT:
Hör, du verfluchter Schlingel, du, was machst du?
Dir brech ich alle Knochen noch.

RUPRECHT:
Weshalb auch?

VEIT:
Warum verschwiegst du, daß du mit der Dirne
Glock halb elf im Garten schon scharwenzt?
Warum verschwiegst du's?

RUPRECHT:
Warum ichs verschwieg?
Gotts Schlag und Donner, weils nicht wahr ist, Vater!
Wenn das die Muhme Briggy zeugt, so hängt mich.
Und bei den Beinen sie meinthalb dazu.

VEIT:
Wenn aber sie's bezeugt-nimm dich in acht!
Du und die saubre Jungfer Eve dort,
Wie ihr auch vor Gericht euch stellt, ihr steckt
Doch unter einer Decke noch. 's ist irgend
Ein schändliches Geheimnis noch, von dem
Sie weiß, und nur aus Schonung hier nichts sagt.

RUPRECHT:
Geheimnis? Welches?

VEIT:
Warum hast du eingepackt?
He? Warum hast du gestern abend eingepackt?

RUPRECHT:
Die Sachen?

VEIT:
Röcke, Hosen, ja, und Wäsche;
Ein Bündel, wie's ein Reisender just auf
Die Schultern wirft?

RUPRECHT:
Weil ich nach Utrecht soll!
Weil ich zum Regiment soll! Himmel-Donner —!
Glaubt Er, daß ich —?

VEIT:
Nach Utrecht? Ja, nach Utrecht!
Du hast geeilt, nach Utrecht hinzukommen!
Vorgestern wußtest du noch nicht, ob du
Den fünften oder sechsten Tag wirst reisen.

WALTER:
Weiß Er zur Sache was zu melden, Vater?

VEIT:
—Gestrenger Herr, ich will noch nichts behaupten.
Ich war daheim, als sich der Krug zerschlug,
Und auch von einer andern Unternehmung
Hab ich, die Wahrheit zu gestehn, noch nichts,
Wenn ich jedweden Umstand wohl erwäge,
Das meinen Sohn verdächtig macht, bemerkt.
Von seiner Unschuld völlig überzeugt,
Kam ich hierher, nach abgemachtem Streit
Sein ehelich Verlöbnis aufzulösen,
Und ihm das Silberkettlein einzufordern,
Zusamt dem Schaupfennig, den er der Jungfer
Bei dem Verlöbnis vor'gen Herbst verehrt.

Wenn jetzt von Flucht was und Verräterei
An meinem grauen Haar zu Tage kommt,
So ist mir das so neu, Ihr Herrn, als Euch:
Doch dann der Teufel soll den Hals ihm brechen.

WALTER:
Schafft Frau Brigitt herbei, Herr Richter Adam.

ADAM:
—Wird Ew. Gnaden diese Sache nicht
Ermüden? Sie zieht sich in die Länge.
Ew. Gnaden haben meine Kassen noch,
Und die Registratur-Was ist die Glocke?

LICHT:
Es schlug soeben halb.

ADAM:
Auf elf?

LICHT:
Verzeiht, auf zwölfe.

WALTER:
Gleichviel.

ADAM:
Ich glaub, die Zeit ist, oder Ihr verrückt.

(Er sieht nach der Uhr.)

Ich bin kein ehrlicher Mann-Ja, was befehlt Ihr?

WALTER:
Ich bin der Meinung —

ADAM:
Abzuschließen? Gut —!

WALTER:
Erlaubt! Ich bin der Meinung, fortzufahren.

ADAM:
Ihr seid der Meinung-Auch gut. Sonst würd ich
Auf Ehre, morgen früh, Glock neun, die Sache
Zu Euerer Zufriedenheit beendigen.

WALTER:
Ihr wißt um meinen Willen.

ADAM:
Wie Ihr befehlt.
Herr Schreiber, schickt die Büttel ab; sie sollen
Sogleich ins Amt die Frau Brigitte laden.

WALTER:
Und nehmt Euch-Zeit, die mir viel wert, zu sparen —

Gefälligst selbst der Sach ein wenig an.

(Licht ab.)

Zehnter Auftritt

Die Vorigen ohne Licht. Späterhin einige Mägde.

ADAM AUFSTEHEND:
Inzwischen könnte man, wenns so gefällig,
Vom Sitze sich ein wenig lüften —?

WALTER:
Hm! O ja.
Was ich sagen wollt —

ADAM:
Erlaubt Ihr gleichfalls,
Daß die Partein, bis Frau Brigitt erscheint —?

WALTER:
Was? Die Partein?

ADAM:
Ja, vor die Tür, wenn Ihr —

WALTER FÜR SICH:
Verwünscht!

(Laut.)

HERR RICHTER ADAM, WISST IHR WAS?:
Gebt ein Glas Wein mir in der Zwischenzeit.

ADAM:
Von ganzem Herzen gern. He! Margarete!
Ihr macht mich glücklich, gnäd'ger Herr. —Margrete!

Die Magd tritt auf.

DIE MAGD:
Hier.

ADAM:
Was befehlt Ihr! —Tretet ab, ihr Leute.
Franz? —Auf den Vorsaal draußen. —Oder Rhein?

WALTER:
Von unserm Rhein.

ADAM:
Gut. —Bis ich rufe. Marsch!

WALTER:
Wohin?

ADAM:
Geh, vom versiegelten, Margrete. —
Was? Auf den Flur bloß draußen. —Hier. Der Schlüssel.

WALTER:
Hm! Bleibt.

ADAM:
Fort! Marsch, sag ich! —Geh, Margarete!
Und Butter, frisch gestampft, Käs' auch aus Limburg,
Und von der fetten pommerschen Räuchergans.

WALTER:
Halt! Einen Augenblick! Macht nicht so viel
Umständ, ich bitt Euch sehr, Herr Richter.

ADAM:
Schert
Zum Teufel euch, sag ich! Tu, wie ich sagte.

WALTER:
Schickt Ihr die Leute fort, Herr Richter?

ADAM:
Ew. Gnaden?

WALTER:
Ob Ihr —?

ADAM:
Sie treten ab, wenn Ihr erlaubt.
Bloß ab, bis Frau Brigitt erscheint.
Wie, oder solls nicht etwa —?

WALTER:
Hm! Wie Ihr wollt.
Doch obs der Mühe sich verlohnen wird?
Meint Ihr, daß es so lange Zeit wird währen,
Bis man im Ort sie trifft?

ADAM:
's ist heute Holztag,
Gestrenger Herr. Die Weiber größtenteils
Sind in den Fichten, Sträucher einzusammeln.
Es könnte leicht —

RUPRECHT:
Die Muhme ist zu Hause.

WALTER:
Zu Haus. Laßt sein.

RUPRECHT:
Die wird sogleich erscheinen.

WALTER:
Die wird uns gleich erscheinen. Schafft den Wein.

ADAM FÜR SICH:
Verflucht!

WALTER:
Macht fort. Doch nichts zum Imbiß, bitt ich,
Als ein Stück trocknen Brotes nur, und Salz.

ADAM FÜR SICH:
Zwei Augenblicke mit der Dirn allein —

(Laut.)

Ach, trocknes Brot! Was! Salz! Geht doch.

WALTER:
Gewiß.

ADAM:
Ei, ein Stück Käs' aus Limburg mindestens. —Käse
Macht erst geschickt die Zunge, Wein, zu schmecken.

WALTER:
Gut. Ein Stück Käse denn, doch weiter nichts.

ADAM:
So geh. Und weiß, von Damast, aufgedeckt.
Schlecht alles zwar, doch recht.

(Die Magd ab.)

DAS IST DER VORTEIL:
Von uns verrufnen hagestolzen Leuten,
Daß wir, was andre, knapp und kummervoll,
Mit Weib und Kindern täglich teilen müssen,
Mit einem Freunde, zur gelegnen Stunde,
Vollauf genießen.

WALTER:
Was ich sagen wollte —
Wie kamt Ihr doch zu Eurer Wund, Herr Richter?
Das ist ein böses Loch, fürwahr, im Kopf, das!

ADAM:
—Ich fiel.

WALTER:
Ihr fielt. Hm! So. Wann? Gestern abend?

ADAM:
Heut, Glock halb sechs, verzeiht, am Morgen, früh,
Da ich soeben aus dem Bette stieg.

WALTER:
Worüber?

ADAM:
Über-gnäd'ger Herr Gerichtsrat,
Die Wahrheit Euch zu sagen, über mich.
Ich schlug Euch häuptlings an den Ofen nieder,
Bis diese Stunde weiß ich nicht, warum?

WALTER:
Von hinten?

ADAM:
Wie? Von hinten —

WALTER:
Oder vorn?
Ihr habt zwo Wunden, vorne ein' und hinten.

ADAM:
Von vorn und hinten. —Margarete!

    (Die beiden Mägde mit Wein usw. Sie decken auf und gehen wieder ab.)

WALTER:
Wie?

ADAM:
Erst so, dann so. Erst auf die Ofenkante,
Die vorn die Stirn mir einstieß, und sodann
Vom Ofen rückwärts auf den Boden wieder,
Wo ich mir noch den Hinterkopf zerschlug.

    (Er schenkt ein.)

Ists Euch gefällig?

WALTER NIMMT DAS GLAS:
Hättet Ihr ein Weib,
So würd ich wunderliche Dinge glauben,
Herr Richter.

ADAM:
Wieso?

WALTER:
Ja, bei meiner Treu,
So rings seh ich zerkritzt Euch und zerkratzt.

ADAM LACHT:
Nein, Gott sei Dank! Fraun-Nägel sind es nicht.

WALTER:
Glaubs. Auch ein Vorteil noch der Hagestolzen.

ADAM FORTLACHEND:
Strauchwerk, für Seidenwürmer, das man trocknend
Mir an dem Ofenwinkel aufgesetzt. —
Auf Euer Wohlergehn!

    (Sie trinken.)

WALTER:
Und grad auch heut
Noch die Perücke seltsam einzubüßen!
Die hätt Euch Eure Wunden noch bedeckt.

ADAM:
Ja, ja. Jedwedes Übel ist ein Zwilling.
Hier-von dem fetten jetzt-kann ich —?

WALTER:
Ein Stückchen.
Aus Limburg?

ADAM:
Rect' aus Limburg, gnäd'ger Herr.

WALTER:
-Wie Teufel aber, sagt mir, ging das zu?

ADAM:
Was?

WALTER:
Daß Ihr die Perücke eingebüßt.

ADAM:
Ja, seht. Ich sitz und lese gestern abend
Ein Aktenstück, und weil ich mir die Brille
Verlegt, duck ich so tief mich in den Streit,
Daß bei der Kerze Flamme lichterloh
Mir die Perücke angeht. Ich, ich denke,
Feur fällt vom Himmel auf mein sündig Haupt,
Und greife sie, und will sie von mir werfen;
Doch eh ich noch das Nackenband gelöst,
Brennt sie wie Sodom und Gomorrha schon.
Kaum daß ich die drei Haare noch mir rette.

WALTER:
Verwünscht! Und Eure andr ist in der Stadt?

ADAM:
Bei dem Perückenmacher. —Doch zur Sache.

WALTER:
Nicht allzu rasch, ich bitt, Herr Richter Adam.

ADAM:
Ei, was! Die Stunde rollt. Ein Gläschen. Hier.

(Er schenkt ein.)

WALTER:
Der Lebrecht-wenn der Kauz dort wahr gesprochen
Er auch hat einen bösen Fall getan.

ADAM:
Auf meine Ehr.

(Er trinkt.)

WALTER:
Wenn hier die Sache,
Wie ich fast fürchte, unentworren bleibt,
So werdet Ihr, in Eurem Ort, den Täter
Leicht noch aus seiner Wund entdecken können.

(Er trinkt.)

Niersteiner?

ADAM:
Was?

WALTER:
Oder guter Oppenheimer?

ADAM:
Nierstein. Sieh da! Auf Ehre! Ihr verstehts.
Aus Nierstein, gnäd'ger Herr, als hätt ich ihn geholt.

WALTER:
Ich prüft ihn, vor drei Jahren, an der Kelter.

(Adam schenkt wieder ein.)

—Wie hoch ist Euer Fenster? —Dort! Frau Marthe!

FRAU MARTHE:
Mein Fenster?

WALTER:
Das Fenster jener Kammer, ja,
Worin die Jungfer schläft?

FRAU MARTHE:
Die Kammer zwar
Ist nur vom ersten Stock, ein Keller drunter,
Mehr als neun Fuß das Fenster nicht vom Boden;
Jedoch die ganze, wohlerwogene
Gelegenheit sehr ungeschickt zum Springen.
Denn auf zwei Fuß steht von der Wand ein Weinstock,
Der seine knot'gen Äste rankend hin
Durch ein Spalier treibt, längs der ganzen Wand:
Das Fenster selbst ist noch davon umstrickt.
Es würd ein Eber, ein gewaffneter,
Müh mit den Fängern haben, durchzubrechen.

ADAM:
Es hing auch keiner drin.

(Er schenkt sich ein.)

WALTER:
Meint Ihr?

ADAM:
Ach, geht!

(Er trinkt.)

WALTER ZU RUPRECHT:
Wie traf Er denn den Sünder? Auf den Kopf,

ADAM:
Hier.

WALTER:
Laßt.

ADAM:
Gebt her.

Walter 's ist halb noch voll.

ADAM:
Wills füllen.

WALTER:
Ihr hörts.

ADAM:
Ei, für die gute Zahl.

WALTER:
Ich bitt Euch.

ADAM:
Ach, was! Nach der Pythagoräer-Regel.

(Er schenkt ihm ein.)

WALTER WIEDER ZU RUPRECHT:
Wie oft traf Er dem Sünder denn den Kopf?

ADAM:
Eins ist der Herr; Zwei ist das finstre Chaos;
Drei ist die Welt. Drei Gläser lob ich mir.
Im dritten trinkt man mit den Tropfen Sonnen,
Und Firmamente mit den übrigen.

WALTER:
Wie oftmals auf den Kopf traf Er den Sünder?
Er, Ruprecht, Ihn dort frag ich!

ADAM:
Wird mans hören?
Wie oft trafst du den Sündenbock? Na, heraus!
Gotts Blitz, seht, weiß der Kerl wohl selbst, ob er —
Vergaßt du's?

RUPRECHT:
Mit der Klinke?

ADAM:
Ja, was weiß ich.

WALTER:
Vom Fenster, als Er nach ihm herunter hieb?

RUPRECHT:
Zweimal, Ihr Herrn.

ADAM:
Halunke! Das behielt er!

(Er trinkt.)

WALTER:
Zweimal! Er konnt ihn mit zwei solchen Hieben
Erschlagen, weiß er —?

RUPRECHT:
Hätt ich ihn erschlagen,
So hätt ich ihn. Es wär mir grade recht.
Läg er hier vor mir, tot, so könnt ich sagen,
Der wars, Ihr Herrn, ich hab Euch nicht belogen.

ADAM:
Ja, tot! Das glaub ich. Aber so —

(Er schenkt ein.)

WALTER:
Konnt Er ihn denn im Dunkeln nicht erkennen?

RUPRECHT:
Nicht einen Stich, gestrenger Herr. Wie sollt ich?

ADAM:
Warum sperrtst du nicht die Augen auf? —Stoßt an!

RUPRECHT:
Die Augen auf! Ich hatt sie aufgesperrt.
Der Satan warf sie mir voll Sand.

ADAM IN DEN BART:
Voll Sand, ja!
Warum sperrtst du deine großen Augen auf?
—Hier. Was wir lieben, gnäd'ger Herr! Stoßt an!

WALTER:
—Was recht und gut und treu ist, Richter Adam!

(Sie trinken.)

ADAM:
Nun denn, zum Schluß jetzt, wenns gefällig ist.

(Er schenkt ein.)

WALTER:
Ihr seid zuweilen bei Frau Marthe wohl,
Herr Richter Adam. Sagt mir doch,
Wer, außer Ruprecht, geht dort aus und ein?

ADAM:
Nicht allzu oft, gestrenger Herr, verzeiht.
Wer aus und ein geht, kann ich Euch nicht sagen.

WALTER:
Wie? Solltet Ihr die Witwe nicht zuweilen
Von Eurem sel'gen Freund besuchen?

ADAM:
Nein, in der Tat, sehr selten nur.

WALTER:
Frau Marthe!
Habt Ihrs mit Richter Adam hier verdorben?
Er sagt, er spräche nicht mehr bei Euch ein?

FRAU MARTHE:
Hm! Gnäd'ger Herr, verdorben? Das just nicht.
Ich denk, er nennt mein guter Freund sich noch.
Doch daß ich oft in meinem Haus ihn sähe,
Das vom Herrn Vetter kann ich just nicht rühmen.
Neun Wochen sinds, daß ers zuletzt betrat,
Und auch nur da noch im Vorübergehn.

WALTER:
Wie sagt Ihr?

FRAU MARTHE:
Was?

WALTER:
Neun Wochen wärens —?

FRAU MARTHE:
Neun,
Ja-Donnerstag sinds zehn. Er bat sich Samen
Bei mir, von Nelken und Aurikeln, aus.

WALTER:
Und-Sonntags-wenn er auf das Vorwerk geht —?

FRAU MARTHE:
Ja, da-da guckt er mir ins Fenster wohl,
Und saget guten Tag zu mir und meiner Tochter;
Doch dann so geht er wieder seiner Wege.

WALTER FÜR SICH:
Hm! Sollt ich auch dem Manne wohl —

(Er trinkt.)

ICH GLAUBTE,:
Weil Ihr die Jungfer Muhme dort zuweilen
In Eurer Wirtschaft braucht, so würdet Ihr
Zum Dank die Mutter dann und wann besuchen.

ADAM:
Wieso, gestrenger Herr?

WALTER:
Wieso? Ihr sagtet,
Die Jungfer helfe Euren Hühnern auf,
Die Euch im Hof erkranken. Hat sie nicht
Noch heut in dieser Sach Euch Rat erteilt?

FRAU MARTHE:
Ja, allerdings, gestrenger Herr, das tut sie.
Vorgestern schickt' er ihr ein krankes Perlhuhn
Ins Haus, das schon den Tod im Leibe hatte.
Vorm Jahr rettete sie ihm eins vom Pips,
Und dies auch wird sie mit der Nudel heilen:
Jedoch zum Dank ist er noch nicht erschienen.

WALTER VERWIRRT:
—Schenkt ein, Herr Richter Adam, seid so gut.
Schenkt gleich mir ein. Wir wollen eins noch trinken.

ADAM:
Zu Eurem Dienst. Ihr macht mich glücklich. Hier.

Er schenkt ein.

WALTER:
Auf Euer Wohlergehn! —Der Richter Adam,
Er wird früh oder spät schon kommen.

FRAU MARTHE:
Meint Ihr? Ich zweifle.
Könnt ich Niersteiner, solchen, wie Ihr trinkt,
Und wie mein sel'ger Mann, der Kastellan,
Wohl auch, von Zeit zu Zeit, im Keller hatte,
Vorsetzen dem Herrn Vetter, wärs was anders:
Doch so besitz ich nichts, ich arme Witwe,

   In meinem Hause, das ihn lockt.

WALTER:
Um so viel besser.

Elfter Auftritt

LICHT, FRAU BRIGITTE MIT EINER PERÜCKE IN DER:
Hand, die Mägde treten auf. Die Vorigen.

LICHT:
Hier, Frau Brigitt, herein.

WALTER:
Ist das die Frau, Herr Schreiber Licht?

LICHT:
Das ist die Frau Brigitte, Ew. Gnaden.

WALTER:
Nun denn, so laßt die Sach uns jetzt beschließen.
Nehmt ab, ihr Mägde. Hier.

Die Mägde mit Gläsern usw. ab.

ADAM WÄHRENDDESSEN:
Nun, Evchen, höre,
Dreh du mir deine Pille ordentlich,
Wie sichs gehört, so sprech ich heute abend
Auf ein Gericht Karauschen bei euch ein.
Dem Luder muß sie ganz jetzt durch die Gurgel,
Ist sie zu groß, so mags den Tod dran fressen.

WALTER ERBLICKT DIE PERÜCKE:
Was bringt uns Frau Brigitte dort für eine
Perücke?

LICHT:
Gnäd'ger Herr?

WALTER:
Was jene Frau uns dort für eine
Perücke bringt?

LICHT:
Hm!

WALTER:
Was?

LICHT:
Verzeiht —

WALTER:
Werd ichs erfahren?

LICHT:
Wenn Ew. Gnaden gütigst
Die Frau, durch den Herrn Richter, fragen wollen,
So wird, wem die Perücke angehört,
Sich, und das Weitre, zweifl ich nicht, ergeben.

WALTER:
—Ich will nicht wissen, wem sie angehört.
Wie kam die Frau dazu? Wo fand sie sie?

LICHT:
Die Frau fand die Perücke im Spalier
Bei Frau Margrete Rull. Sie hing gespießt,
Gleich einem Nest, im Kreuzgeflecht des Weinstocks,
Dicht unterm Fenster, wo die Jungfer schläft.

FRAU MARTHE:
Was? Bei mir? Im Spalier?

WALTER HEIMLICH:
Herr Richter Adam,
Habt Ihr mir etwas zu vertraun,
So bitt ich, um die Ehre des Gerichtes,
Ihr seid so gut, und sagt mirs an.

ADAM:
Ich Euch —?

WALTER:
Nicht? Habt Ihr nicht —?

ADAM:
Auf meine Ehre —

Er ergreift die Perücke.

WALTER:
Hier die Perücke ist die Eure nicht?

ADAM:
Hier die Perück, ihr Herren, ist die meine!
Das ist, Blitz-Element, die nämliche,
Die ich dem Burschen vor acht Tagen gab,
Nach Utrecht sie zum Meister Mehl zu bringen.

WALTER:
Wem? Was?

LICHT:
Dem Ruprecht?

RUPRECHT:
Mir?

ADAM:
Hab ich Ihm, Schlingel,
Als Er nach Utrecht vor acht Tagen ging,
Nicht die Perück hier anvertraut, sie zum
Friseur, daß er sie renoviere, hinzutragen?

RUPRECHT:
Ob Er —? Nun ja. Er gab mir —

ADAM:
Warum hat er
Nicht die Perück, Halunke, abgegeben?
Warum nicht hat Er sie, wie ich befohlen,
Beim Meister in der Werkstatt abgegeben?

RUPRECHT:
Warum ich sie —? Gotts Himmel-Donner-Schlag!
Ich hab sie in der Werkstatt abgegeben.
Der Meister Mehl nahm sie —

ADAM:
Sie abgegeben?
Und jetzt hängt sie im Weinspalier bei Marthens?
O wart, Canaille! So entkommst du nicht.
Dahinter steckt mir von Verkappung was,
Und Meuterei, was weiß ich? —Wollt Ihr erlauben,
Daß ich sogleich die Frau nur inquiriere?

WALTER:
Ihr hättet die Perücke —?

ADAM:
Gnäd'ger Herr,
Als jener Bursche dort, vergangnen Dienstag,
Nach Utrecht fuhr mit seines Vaters Ochsen,
Kam er ins Amt, und sprach: "Herr Richter Adam,
Habt Ihr im Städtlein etwas zu bestellen?"
Mein Sohn, sag ich, wenn du so gut willst sein,
So laß mir die Perück hier auftoupieren —
Nicht aber sagt ich ihm: geh und bewahre
Sie bei dir auf, verkappe dich darin,
Und laß sie im Spalier bei Marthens hängen.

FRAU BRIGITTE:
Ihr Herrn, der Ruprecht, mein' ich, halt zu Gnaden,
Der wars wohl nicht. Denn da ich gestern nacht
Hinaus aufs Vorwerk geh, zu meiner Muhme,
Die schwer im Kindbett liegt, hört ich die Jungfer
Gedämpft, im Garten hinten, jemand schelten:
Wut scheint und Furcht die Stimme ihr zu rauben.
"Pfui, schäm Er sich, Er Niederträchtiger,
Was macht Er? Fort! Ich werd die Mutter rufen";
Als ob die Spanier im Lande wären.
Drauf: Eve! durch den Zaun hin: Eve! ruf ich.
Was hast du? Was auch gibts? —Und still wird es:
Nun? Wirst du antworten? —"Was wollt Ihr, Muhme?"
Was hast du vor? frag ich. —"Was werd ich haben?"
Ist es der Ruprecht? —"Ei so ja, der Ruprecht.
Geht Euren Weg doch nur." —So koch dir Tee.
Das liebt sich, denk ich, wie sich andre zanken.

FRAU MARTHE:
Mithin —?

RUPRECHT:
Mithin —?

WALTER:
Schweigt! Laßt die Frau vollenden.

FRAU BRIGITTE:
Da ich vom Vorwerk nun zurückekehre,
Zur Zeit der Mitternacht etwa, und just,
Im Lindengang, bei Marthens Garten bin,
Huscht Euch ein Kerl bei mir vorbei, kahlköpfig,
Mit einem Pferdefuß, und hinter ihm
Erstinkts wie Dampf von Pech und Haar und Schwefel.
Ich sprech ein Gottseibeiuns aus, und drehe
Entsetzensvoll mich um, und seh, mein Seel,
Die Glatz, Ihr Herren, im Verschwinden noch,
Wie faules Holz, den Lindengang durchleuchten.

RUPRECHT:
Was! Himmel-Tausend

FRAU MARTHE:
Ist Sie toll, Frau Briggy?

RUPRECHT:
Der Teufel, meint Sie, wärs —?

LICHT:
Still! Still!

FRAU BRIGITTE:
Mein Seel!
Ich weiß, was ich gesehen und gerochen.

WALTER UNGEDULDIG:
Frau, obs der Teufel war, will ich nicht untersuchen,
Ihn aber, ihn denunziert man nicht.
Kann Sie von einem andern melden, gut:
Doch mit dem Sünder da verschont Sie uns.

LICHT:
Wollen Ew. Gnaden sie vollenden lassen.

WALTER:
Blödsinnig Volk, das!

FRAU BRIGITTE:
Gut, wie Ihr befehlt.
Doch der Herr Schreiber Licht sind mir ein Zeuge.

WALTER:
Wie? Ihr ein Zeuge?

LICHT:
Gewissermaßen, ja.

WALTER:
Fürwahr, ich weiß nicht —

LICHT:
Bitte ganz submiß,
Die Frau in dem Berichte nicht zu stören.
Daß es der Teufel war, behaupt ich nicht;
Jedoch mit Pferdefuß, und kahler Glatze
Und hinten Dampf, wenn ich nicht sehr mich irre,
Hat seine völl'ge Richtigkeit! —Fahrt fort!

FRAU BRIGITTE:
Da ich nun mit Erstaunen heut vernehme,
Was bei Frau Marthe Rull geschehn, und ich,
Den Krugzertrümmerer auszuspionieren,
Der mir zu Nacht begegnet' am Spalier,
Den Platz, wo er gesprungen, untersuche,
Find ich im Schnee, Ihr Herrn, Euch eine Spur —
Was find ich euch für eine Spur im Schnee?
Rechts fein und scharf und nett gekantet immer,
Ein ordentlicher Menschenfuß,
Und links unförmig grobhin eingetölpelt
Ein ungeheurer klotz'ger Pferdefuß.

WALTER ÄRGERLICH:
Geschwätz, wahnsinniges, verdammenswürd'ges

VEIT:
Es ist nicht möglich, Frau!

FRAU BRIGITTE:
Bei meiner Treu!
Erst am Spalier, da, wo der Sprung geschehen,
Seht, einen weiten, schneezerwühlten Kreis,
Als ob sich eine Sau darin gewälzt;
Und Menschenfuß und Pferdefuß von hier,
Und Menschenfuß und Pferdefuß, und Menschenfuß und Pferdefuß,
Quer durch den Garten, bis in alle Welt.

ADAM:
Verflucht! —Hat sich der Schelm vielleicht erlaubt,
Verkappt des Teufels Art —?

RUPRECHT:
Was! Ich!

LICHT:
Schweigt! Schweigt!

FRAU BRIGITTE:
Wer einen Dachs sucht und die Fährt entdeckt,
Der Weidmann, triumphiert nicht so, als ich.
Herr Schreiber Licht, sag ich, denn eben seh ich,
Von Euch geschickt, den Würd'gen zu mir treten,
Herr Schreiber Licht, spart Eure Session,
Den Krugzertrümmrer judiziert Ihr nicht,
Der sitzt nicht schlechter Euch, als in der Hölle:
Hier ist die Spur, die er gegangen ist.

WALTER:
So habt Ihr selbst Euch überzeugt?

LICHT:
Ew. Gnaden,
Mit dieser Spur hats völl'ge Richtigkeit.

WALTER:
Ein Pferdefuß?

LICHT:
Fuß eines Menschen, bitte,
Doch praeter propter wie ein Pferdehuf.

ADAM:
Mein Seel, Ihr Herrn, die Sache scheint mir ernsthaft.
Man hat viel beißend abgefaßte Schriften,
Die, daß ein Gott sei, nicht gestehen wollen;
Jedoch den Teufel hat, soviel ich weiß,
Kein Atheist noch bündig wegbewiesen.
Der Fall, der vorliegt, scheint besonderer
Erörterung wert. Ich trage darauf an,
Bevor wir ein Konklusum fassen,
Im Haag bei der Synode anzufragen,
Ob das Gericht befugt sei, anzunehmen,
Daß Belzebub den Krug zerbrochen hat.

WALTER:
Ein Antrag, wie ich ihn von Euch erwartet.
Was wohl meint Ihr, Herr Schreiber?

LICHT:
Ew. Gnaden werden
Nicht die Synode brauchen, um zu urteiln.
Vollendet-mit Erlaubnis! —den Bericht,
Ihr, Frau Brigitte, dort; so wird der Fall
Aus der Verbindung, hoff ich, klar konstieren.

FRAU BRIGITTE:
Hierauf: Herr Schreiber Licht, sag ich, laßt uns
Die Spur ein wenig doch verfolgen, sehn,
Wohin der Teufel wohl entwischt mag sein.
"Gut", sagt er, "Frau Brigitt, ein guter Einfall;
Vielleicht gehn wir uns nicht weit um,
Wenn wir zum Herrn Dorfrichter Adam gehn."

WALTER:
Nun? Und jetzt fand sich —?

FRAU BRIGITTE:
Zuerst jetzt finden wir
Jenseits des Gartens, in dem Lindengange,
Den Platz, wo, Schwefeldämpfe von sich lassend,
Der Teufel bei mir angeprellt: ein Kreis,
Wie scheu ein Hund etwa zur Seite weicht,
Wenn sich die Katze prustend vor ihm setzt.

WALTER:
Drauf weiter?

FRAU BRIGITTE:
Nicht weit davon jetzt steht ein Denkmal seiner,
An einem Baum, daß ich davor erschrecke.

WALTER:
Ein Denkmal? Wie?

FRAU BRIGITTE:
Wie? ja, da werdet Ihr —

ADAM FÜR SICH:
Verflucht, mein Unterleib.

LICHT:
Vorüber, bitte,
Vorüber, hier, ich bitte, Frau Brigitte.

WALTER:
Wohin die Spur Euch führte, will ich wissen!

FRAU BRIGITTE:
Wohin? Mein Treu, den nächsten Weg zu Euch,
Just wie Herr Schreiber Licht gesagt.

WALTER:
Zu uns? Hierher?

FRAU BRIGITTE:
Vom Lindengange, ja,
Aufs Schulzenfeld, den Karpfenteich entlang,
Den Steg, quer übern Gottesacker dann,
Hier, sag ich, her, zum Herrn Dorfrichter Adam.

WALTER:
Zum Herrn Dorfrichter Adam?

ADAM:
Hier zu mir?

FRAU BRIGITTE:
Zu Euch, ja.

RUPRECHT:
Wird doch der Teufel nicht
In dem Gerichtshof wohnen?

FRAU BRIGITTE:
Mein Treu, ich weiß nicht,
Ob er in diesem Hause wohnt; doch hier,
Ich bin nicht ehrlich, ist er abgestiegen:
Die Spur geht hinten ein bis an die Schwelle.

ADAM:
Sollt er vielleicht hier durchpassiert —?

FRAU BRIGITTE:
Ja, oder durchpassiert. Kann sein. Auch das.
Die Spur vornaus —

WALTER:
War eine Spur vornaus?

LICHT:
Vornaus, verzeihn Ew. Gnaden, keine Spur.

FRAU BRIGITTE:
Ja, vornaus war der Weg zertreten.

ADAM:
Zertreten. Durchpassiert. Ich bin ein Schuft.
Der Kerl, paßt auf, hat den Gesetzen hier
Was angehängt. Ich will nicht ehrlich sein,
Wenn es nicht stinkt in der Registratur.
Wenn meine Rechnungen, wie ich nicht zweifle,
Verwirrt befunden werden sollten,
Auf meine Ehr, ich stehe für nichts ein.

WALTER:
Ich auch nicht.

(Für sich.)

HM! ICH WEISS NICHT, WARS DER LINKE,:
War es der Rechte? Seiner Füße einer —
Herr Richter! Eure Dose! —Seid so gefällig.

ADAM:
Die Dose?

WALTER:
Die Dose. Gebt! Hier!

ADAM ZU LICHT:
Bringt dem Herrn Gerichtsrat.

WALTER:
Wozu die Umständ? Einen Schritt gebrauchts.

ADAM:
Es ist schon abgemacht. Gebt Sr. Gnaden.

WALTER:
Ich hätt Euch was ins Ohr gesagt.

ADAM:
Vielleicht, daß wir nachher Gelegenheit —

WALTER:
Auch gut.

Nachdem sich Licht wieder gesetzt.

SAGT DOCH, IHR HERRN, IST JEMAND HIER IM ORTE,:
Der mißgeschaffne Füße hat?

LICHT:
Hm! Allerdings ist jemand hier in Huisum —

WALTER:
So? Wer?

LICHT:
Wollen Ew. Gnaden den Herrn Richter fragen —

WALTER:
Den Herrn Richter Adam?

ADAM:
Ich weiß von nichts.
Zehn Jahre bin ich hier im Amt zu Huisum,
Soviel ich weiß, ist alles grad gewachsen.

WALTER ZU LICHT:
Nun? Wen hier meint Ihr?

FRAU MARTHE:
Laß Er doch seine Füße draußen!
Was steckt Er untern Tisch verstört sie hin,
Daß man fast meint, Er wär die Spur gegangen.

WALTER:
Wer? Der Herr Richter Adam?

ADAM:
Ich? Die Spur?
Bin ich der Teufel? Ist das ein Pferdefuß?

Er zeigt seinen linken Fuß.

WALTER:
Auf meine Ehr. Der Fuß ist gut.

(Heimlich.)

Macht jetzt mit der Session sogleich ein Ende.

ADAM:
Ein Fuß, wenn den der Teufel hätt,
So könnt er auf die Bälle gehn und tanzen.

FRAU MARTHE:
Das sag ich auch. Wo wird der Herr Dorfrichter —

ADAM:
Ach, was! Ich!

WALTER:
Macht, sag ich, gleich ein Ende.

FRAU BRIGITTE:
Den einz'gen Skrupel nur, Ihr würd'gen Herrn,
Macht, dünkt mich, dieser feierliche Schmuck!

ADAM:
Was für ein feierlicher —?

FRAU BRIGITTE:
Hier, die Perücke!
Wer sah den Teufel je in solcher Tracht?
Ein Bau, getürmter, strotzender von Talg,
Als eines Domdechanten auf der Kanzel!

ADAM:
Wir wissen hier zu Land nur unvollkommen,
Was in der Hölle Mod ist, Frau Brigitte!
Man sagt, gewöhnlich trägt er eignes Haar.
Doch auf der Erde, bin ich überzeugt,
Wirft er in die Perücke sich, um sich
Den Honoratioren beizumischen.

WALTER:
Nichtswürd'ger! Wert, vor allem Volk ihn schmachvoll
Vom Tribunal zu jagen! Was Euch schützt,
Ist einzig nur die Ehre des Gerichts.
Schließt Eure Session!

ADAM:
Ich will nicht hoffen —

WALTER:
Ihr hofft jetzt nichts. Ihr zieht Euch aus der Sache.

ADAM:
Glaubt Ihr, ich hätte, ich, der Richter, gestern,
Im Weinstock die Perücke eingebüßt?

WALTER:
Behüte Gott! Die Eur ist ja im Feuer,
Wie Sodom und Gomorrha, aufgegangen.

LICHT:
Vielmehr vergebt mir, gnäd'ger Herr! die Katze
Hat gestern in die seinige gejungt.

ADAM:
Ihr Herrn, wenn hier der Anschein mich verdammt:
Ihr übereilt Euch nicht, bitt ich. Es gilt
Mir Ehre oder Prostitution.
Solang die Jungfer schweigt, begreif ich nicht,
Mit welchem Recht ihr mich beschuldiget.
Hier auf dem Richterstuhl von Huisum sitz ich,
Und lege die Perücke auf den Tisch:
Den, der behauptet, daß sie mein gehört,
Fordr ich vors Oberlandgericht in Utrecht.

LICHT:
Hm! Die Perücke paßt Euch doch, mein Seel,
Als wär auf Euren Scheiteln sie gewachsen.

(Er setzt sie auf.)

ADAM:
Verleumdung!

LICHT:
Nicht?

ADAM:
Als Mantel um die Schultern
Mir noch zu weit, wieviel mehr um den Kopf.

Er besieht sich im Spiegel.

RUPRECHT:
Ei, solch ein Donnerwetter-Kerl!

WALTER:
Still, Er!

FRAU MARTHE:
Ei, solch ein blitz-verfluchter Richter, das!

WALTER:
Noch einmal, wollt Ihr gleich, soll ich die Sache enden?

ADAM:
Ja, was befehlt Ihr?

RUPRECHT ZU EVE:
Eve, sprich, ist ers?

WALTER:
Was untersteht der Unverschämte sich?

VEIT:
Schweig du, sag ich.

ADAM:
Wart, Bestie! Dich fass' ich.

RUPRECHT:
Ei, du Blitz-Pferdefuß!

WALTER:
Heda! Der Büttel!

VEIT:
Halts Maul, sag ich.

RUPRECHT:
Wart! Heute reich ich dich.
Heut streust du keinen Sand mir in die Augen.

WALTER:
Habt Ihr nicht soviel Witz, Herr Richter —?

ADAM:
Ja, wenn Ew. Gnaden
Erlauben, fäll ich jetzo die Sentenz.

WALTER:
Gut. Tut das. Fällt sie.

ADAM:
Die Sache jetzt konstiert,
Und Ruprecht dort, der Racker, ist der Täter.

WALTER:
Auch gut das. Weiter.

ADAM:
Den Hals erkenn ich
Ins Eisen ihm, und weil er ungebührlich
Sich gegen seinen Richter hat betragen,
Schmeiß ich ihn ins vergitterte Gefängnis.
Wie lange, werd ich noch bestimmen.

EVE:
Den Ruprecht —?

RUPRECHT:
Ins Gefängnis mich?

EVE:
Ins Eisen?

WALTER:
Spart eure Sorgen, Kinder. —Seid Ihr fertig?

ADAM:
Den Krug meinthalb mag er ersetzen, oder nicht.

WALTER:
Gut denn. Geschlossen ist die Session.
Und Ruprecht appelliert an die Instanz zu Utrecht.

EVE:
Er soll, er, erst nach Utrecht appellieren?

RUPRECHT:
Was? Ich —?

WALTER:
Zum Henker, ja! Und bis dahin —

EVE:
Und bis dahin —?

RUPRECHT:
In das Gefängnis gehn?

EVE:
Den Hals ins Eisen stecken? Seid Ihr auch Richter?
Er dort, der Unverschämte, der dort sitzt,
Er selber wars —

WALTER:
Du hörsts, zum Teufel! Schweig!
Ihm bis dahin krümmt sich kein Haar —

EVE:
Auf, Ruprecht!
Der Richter Adam hat den Krug zerbrochen!

RUPRECHT:
Ei, wart, du!

FRAU MARTHE:
Er?

FRAU BRIGITTE:
Der dort?

EVE:
Er, ja! Auf, Ruprecht!
Er war bei deiner Eve gestern!
Auf! Fass' ihn! Schmeiß ihn jetzo, wie du willst.

WALTER STEHT AUF:
Halt dort! Wer hier Unordnungen —

EVE:
Gleichviel!
Das Eisen ist verdient, geh, Ruprecht!
Geh, schmeiß ihn von dem Tribunal herunter.

ADAM:
Verzeiht, Ihr Herrn.

Läuft weg.

EVE:
Hier! Auf!

RUPRECHT:
Halt ihn!

EVE:
Geschwind!

ADAM:
Was?

RUPRECHT:
Blitz-Hinketeufel!

EVE:
Hast du ihn?

RUPRECHT:
Gotts Schlag und Wetter!
Es ist sein Mantel bloß!

WALTER:
Fort! Ruft den Büttel!

RUPRECHT SCHLÄGT DEN MANTEL:
Ratz! Das ist eins. Und Ratz! Und Ratz! Noch eins.
Und noch eins! In Ermangelung des Buckels.

WALTER:
Er ungezogner Mensch! —Schafft hier mir Ordnung!
—An Ihm, wenn Er sogleich nicht ruhig ist,

Ihm wird der Spruch vom Eisen heut noch wahr.

VEIT:
Sei ruhig, du vertrackter Schlingel!

Zwölfter Auftritt

Die Vorigen ohne Adam. —Sie begeben sich alle in den Vordergrund der Bühne.

RUPRECHT:
Ei, Evchen!
Wie hab ich heute schändlich dich beleidigt!
Ei, Gotts Blitz, alle Wetter; und wie gestern!
Ei, du mein goldnes Mädchen, Herzens-Braut!
Wirst du dein Lebtag mir vergeben können?

EVE WIRFT SICH DEM GERICHTSRAT ZU FÜSSEN:
Herr! Wenn Ihr jetzt nicht helft, sind wir verloren!

WALTER:
Verloren? Warum das?

RUPRECHT:
Herr Gott! Was gibts?

EVE:
Errettet Ruprecht von der Konskription!
Denn diese Konskription-der Richter Adam
Hat mirs als ein Geheimnis anvertraut —
Geht nach Ostindien; und von dort, Ihr wißt,
Kehrt von drei Männern Einer nur zurück!

WALTER:
Was! Nach Ostindien! Bist du bei Sinnen?

EVE:
Nach Bantam, gnäd'ger Herr; verleugnets nicht!
Hier ist der Brief, die stille heimliche
Instruktion, die Landmiliz betreffend,
Die die Regierung jüngst deshalb erließ:
Ihr seht, ich bin von allem unterrichtet.

WALTER NIMMT DEN BRIEF UND LIEST IHN:
O unerhört-arglistiger Betrug! —
Der Brief ist falsch!

EVE:
Falsch?

WALTER:
Falsch, so wahr ich lebe!
Herr Schreiber Licht, sagt selbst, ist das die Ordre,
Die man aus Utrecht jüngst an euch erließ?

LICHT:
Die Ordre! Was! Der Sünder, der! Ein Wisch,
Den er mit eignen Händen aufgesetzt! —
Die Truppen, die man anwarb, sind bestimmt
Zum Dienst im Landesinneren; kein Mensch
Denkt dran, sie nach Ostindien zu schicken!

EVE:
Nein, nimmermehr, Ihr Herrn?

WALTER:
Bei meiner Ehre!
Und zum Beweise meines Worts: den Ruprecht,
Wärs so, wie du mir sagst: ich kauf ihn frei!

EVE STEHT AUF:
O Himmel! Wie belog der Böswicht mich!
Denn mit der schrecklichen Besorgnis eben
Quält' er mein Herz, und kam, zur Zeit der Nacht,
Mir ein Attest für Ruprecht aufzudrängen;
Bewies, wie ein erlognes Krankheitszeugnis
Von allem Kriegsdienst ihn befreien könnte;
Erklärte und versicherte und schlich,
Um es mir auszufert'gen, in mein Zimmer:
So Schändliches, Ihr Herren, von mir fordernd,
Daß es kein Mädchenmund wagt auszusprechen!

FRAU BRIGITTE:
Ei, der nichtswürdig-schändliche Betrüger!

RUPRECHT:
Laß, laß den Pferdehuf, mein süßes Kind!
Sieh, hätt ein Pferd bei dir den Krug zertrümmert,
Ich wär so eifersüchtig just, als jetzt!

(Sie küssen sich.)

VEIT:
Das sag ich auch! Küßt und versöhnt und liebt euch;
Und Pfingsten, wenn ihr wollt, mag Hochzeit sein!

LICHT AM FENSTER:
Seht, wie der Richter Adam, bitt ich euch,
Berg auf, Berg ab, als flöh er Rad und Galgen,
Das aufgepflügte Winterfeld durchstampft!

WALTER:
Was? Ist das Richter Adam?

LICHT:
Allerdings!

MEHRERE:
Jetzt kommt er auf die Straße. Seht! seht!
Wie die Perücke ihm den Rücken peitscht!

WALTER:
Geschwind, Herr Schreiber, fort! Holt ihn zurück!
Daß er nicht Übel rettend ärger mache.
Von seinem Amt zwar ist er suspendiert,
Und Euch bestell ich, bis auf weitere
Verfügung, hier im Ort es zu verwalten;
Doch sind die Kassen richtig, wie ich hoffe,
Zur Desertion ihn zwingen will ich nicht.

Fort! Tut mir den Gefallen, holt ihn wieder!

(Licht ab.)

Die Vorigen ohne Licht.

FRAU MARTHE:
Sagt doch, gestrenger Herr, wo find ich auch
Den Sitz in Utrecht der Regierung?

WALTER:
Weshalb, Frau Marthe?

FRAU MARTHE EMPFINDLICH:
Hm! Weshalb? Ich weiß nicht —
Soll hier dem Kruge nicht sein Recht geschehn?

WALTER:
Verzeiht mir! Allerdings. Am großen Markt,
Am Dienstag ist und Freitag Session.

FRAU MARTHE:

Gut! Auf die Woche stell ich dort mich ein.

(Alle ab.)

Der Zwang zum Drama
(Stefan Zweig)

Ich dichte bloß, weil ich es nicht lassen kann.
Aus einem Brief

Mit der Vernichtung des ›Guiskard‹ meint der Gequälte den umbarmherzigen Gläubiger, den furchtbaren Verfolger in sich erdrosselt zu haben. Aber der Ehrgeiz, der grauenhaft aus den heißesten Adern emporgestiegene Dämon seines Lebens, ist nicht tot: die unselige Tat war so sinnlos, wie wenn einer sein Spiegelbild im Spiegel erschießt; nur das drohende Bild zerklirrt, nicht der Doppelgänger, der in ihm weiterlauert. Kleist kann so wenig mehr von der Kunst zurück wie der Morphinist vom Morphium; endlich hat er ein Ventil gefunden, auf kurze Spanne das entsetzliche Übermaß seines Gefühls, den Aufschwall der Phantasien aus sich zu entladen, sich auszuschwelgen in dichterischen Träumen. Vergebens wehrt er sich, dumpf bewußt, daß er in eine neue Leidenschaft sich unentrinnbar verstrickt; aber er kann, der Kongestionierte seiner Gefühle, jenen heißen Aderlaß nicht mehr entbehren, der ihn befreit. Und dann: das Vermögen ist aufgezehrt, die militärische Karriere verdorben, nüchterne Beamtenfron widert seiner gewaltsamen Natur, so hilft nichts, obwohl er gemartert aufschreit: »Bücherschreiben für Geld – oh, nichts davon.« Die Kunst, die Gestaltung wird zwanghaft Form seiner Existenz, der dunkle Dämon hat Gestalt angenommen und wandert mit ihm in die Werke. Alle Lebenspläne, die er methodisch entworfen, sind zerfetzt vom Sturm des Schicksals: nun lebt er den Willen, den dumpfen und weisen seiner Natur, die aus unendlicher Qual des Menschen Unendliches zu formen liebt.

Wie ein Zwang, wie ein Laster liegt von nun ab die Kunst auf ihm. Daher auch das merkwürdig Zwanghafte, das explosiv Losgerissene seiner Dramen. Sie sind alle – mit Ausnahme des ›Zerbrochenen Krugs‹, der spielhaft, einer Wette zuliebe, aus freilich nervigstem Handgelenk produziert war – Ausbrüche seines innersten Gefühls, Flucht aus der Hölle seines Herzens; sie haben alle einen überreizten Schreiton, gleichsam den grellen Ton eines Erstickenden, der plötzlich Luft findet, sie sind knallhaft weggeschnellt von überstraff gespannten Nerven, sie sind – man verzeihe das Bild, ich weiß kein wahreres – herausgespritzt aus innerster Erhitzung und Bedrängnis, wie der Same des Mannes heiß vom Blute aus dem Geschlecht fährt. Sie haben wenig Befruchtung vom Geiste, sind kaum überschattet von der Vernunft – nackt, oft schamlos nackt, stoßen sie ins Unendliche hinein aus einer unendlichen Leidenschaft heraus. Jedes einzelne treibt ein Gefühl, ein Übergefühl in seinen Superlativ, in jedem einzelnen explodiert eine andere Glutzelle seiner gestauten, aller Instinkte trächtigen Seele. Im ›Guiskard‹ speit er wie einen Blutsturz seinen ganzen promethidischen Ehrgeiz aus sich heraus, in der ›Penthesilea‹ überschwelgt sich seine sexuelle Hitze, in der ›Hermannsschlacht‹ tobt sich sein bis zur Bestialität hochgetriebener Haß aus – alle drei haben sie mehr das Fieber seines Bluts in den Adern als die Außentemperatur des realen Lebens, und selbst in den linderen, vom eigenen Ich mehr weggebogeneren Werken, wie im ›Käthchen von Heilbronn‹ und den Novellen, vibriert noch die elektrische Spannung seiner Nerven, zuckt dieser fast grausam geschwinde Übergang von epischer Überschwülung und Ernüchterung des Geistes. Allerorts ist, wo man Kleisten folgt, magische und dämonische Sphäre, Dämmerung und Verschattung des Gefühls, und dann dies grelle Aufblitzen von großen Gewittern, jene dumpfe, gepreßte Luft, die auf seinem eigenen Herzen ein ganzes Leben lang lastend lag. Dieses Zwanghafte, diese schwefeligfeurige Atmosphäre von Entladung macht die Dramen Kleistens so großartig sonderbar; auch jene Goethes sind ja Lebensverwandlungen, aber doch nur episodische, sie sind nur Entladungen, Entlastungen einer bedrückten Seele, Selbstrechtfertigungen, Flucht und Ausflucht. Nie aber haben sie jenes Gefährlich-Explosive, jenes Vulkanische wie die Kleistens, wo Lava-Trümmer aus der untersten, unzugänglichsten, aus der tödlichsten Tiefe des Herzens mit solchem plötzlichen Druck herausgeschleudert werden. Diese Gewaltsamkeit des Ausbruches, dies Schaffen auf der Klippe zwischen Tod und Leben ist es ja auch, was Kleist etwa von Hebbels kostümierten Gedankenspielen unterscheidet, wo die Problematik aus dem Hirn kommt, nicht aus der untersten vulkanischen Tiefe der Existenz, oder von jenen Schillers, die nur großartige Konzeptionen und Konstruktionen sind, aber doch irgendwie außerhalb und unbedrohlich hinter der eigenen Not und Urgefahr der Existenz stehen. Nie ist ein deutscher Dichter so tief mit seiner ganzen Seele ins Drama hineingefahren, nie hat sich einer so sehr die Brust mörderisch mit seiner Dichtung aufgesprengt: nur Musik ist sonst so vulkanisch, so zwanghaft, so selbstschwelgerisch entstanden, und gerade dieser gefährliche Charakter hat den gefährdetsten unter den Musikern, Hugo Wolf, magisch angezogen, noch einmal in der ›Penthesilea‹ diesen innersten Ausbruch der vorgepeitschten Leidenschaft auftönen zu lassen.

Diese Nötigung, dies Zwanghafte bei Kleist – drückt es aber nicht sublim die Forderung aus, die zweitausend Jahre früher Aristoteles an die Tragödie stellt, daß sie »von einem gefährlichen Affekt durch dessen vehemente Entladung sich reinige«? In den Attributen »gefährlich« und »vehement« liegt die (von den Franzosen und den meisten Deutschen übersehene) eigentliche Betonung, und wie für Kleist scheint darum die Vorschrift geschrieben, denn wessen Affekte waren gefährlicher als die seinen (ich versuchte es zu zeigen), wessen Entladungen vehementer? Er war nicht (wie Schiller) Bewältiger seiner Probleme, sondern ein Besessener: gerade aber diese Unfreiheit macht seinen Ausbruch so gewaltsam, so konvulsivisch. Sein Schaffen kennt nicht ein betrachtsames, planhaftes Nach-Außen-Stellen, sondern nur Wegschleudern, ein tollwütiges Losringen aus äußerster, fast tödlich geengter innerer Not. Jeder Mensch in seinem Werke empfindet (wie er selbst) das ihm auferlegte Problem als einzig weltwesentlich, jeder ist bis zur Narrheit erfüllt von seinem Gefühl: jedem geht es in jedem Falle um das Ganze, um das Ja und Nein der ganzen Existenz. Alles wird Kleist in sich (und darum in seinen Menschen) zur Schneide, zur Krise: die Not des Vaterlandes, die andere nur zu einer wortreichen Pathetik aufschwellte, die Philosophie (die Goethe nur kontemplativ-skeptisch verfolgte, gerade so viel aufnehmend, als seinem geistigen Wachstum förderlich war), der Eros und das Leiden Psyches, alles das wird Fieber und Manie, ein Urleiden, das den ganzen Menschen zu zerstören droht. Das nun macht Kleistens Leben so dramatisch, seine Probleme so tragisch, daß sie nicht wie jene Schillers poetische Fiktionen bleiben, sondern grausame Realitäten seines Gefühles werden: darum die wahrhaft tragische Atmosphäre in seinem Werk, die kein anderer deutscher Dichter ähnlich dargestellt hat. Die Welt, das ganze Leben ist bei Kleist in einen Spannungszustand verwandelt, er hat seine eigenen Gegensätzlichkeiten in übersteigerte Gestalten, in eine Polarität der Natur transponiert: die Unfähigkeit, irgend etwas leicht zu nehmen, die Strenge der Auffassung muß jeden seiner Menschen, Kohlhaas wie Homburg und Achill, notwendig in einen Konflikt mit seinen Gegenspielern führen, und da diese Widerstände (wie seine eigenen) gleichfalls ins Gewaltige gesteigert und übersteigert sind, entsteht mit Urnotwendigkeit, nicht zufällig, sondern schicksalhaft, dramatisches Dasein, tragische Sphäre.

Naturhaft, zwanghaft kommt Kleist also zur Tragödie: nur sie konnte die schmerzhafte Gegensätzlichkeit seiner Natur verwirklichen (indes die Epik konziliantere, lässigere Formen frei läßt, fordert das Drama äußerste Zuspitzung und war darum seinem übertreiberischen, extravaganten Charakter einzig willkommen). Seine Leidenschaften stoßen ihn aus ihrem brennenden Bedürfnis, sich einmal frei auszurasen, gewaltsam hinein, sie und nicht er selbst gestalten seine Werke, weshalb mir nichts irriger scheint, als Kleisten eine Methodik, ein planhaftes Bauen, eine bewußte Mühe zu unterschieben. Goethe hat ein wenig ironisch von dem »unsichtbaren Theater« gesprochen, für das jene Stücke bestimmt seien: dies unsichtbare Theater war für Kleist die dämonische Natur der Welt, die aus gewaltsamer Entzweiung, aus dem Diametralen des Gegensatzes solche Spannung und Bewegung schafft, daß sie freilich ein Schaugerüst zersprengen und überströmen mußte. Keiner war und wollte weniger Praktiker sein als Kleist: er wollte sich entladen und entlasten, alles Spielhafte und Zweckhafte widerspricht der leidenschaftlichen Unruhe seines Charakters. Seine Konzeptionen haben etwas durchaus Zufallhaftes und Lässiges, seine Bindungen sind locker, alles Technische al fresco hingezeichnet (von eiliger und ungeduldiger

Hand): wo sein Griff nicht genial ist, tappt er daneben ins Theatralische, selbst ins Melodramatische, er verfällt stellenweise ins Niederste der Vorstadtkomödie, des Ritterschauspiels, des Zaubertheaters, um mit einem Sprung, mit einem Riß wieder (ähnlich wie Shakespeare) in der erhabensten Sphäre des Geistes zu sein. Stoff ist ihm nur Vorwand und Materie, das Durchgluten mit Leidenschaften dagegen die wahre Leidenschaft. So schafft er die Spannung oft mit den niedersten, unbeholfensten, weggeborgtesten Mitteln (›Käthchen von Heilbronn‹, ›Schroffensteiner‹); aber ist er dann gehitzt zur Leidenschaft, ist er in sein Urelement des Gegensätzlichen einmal mit der treibenden Dampfkraft seiner Seele eingetreten, so schafft er Intensitäten ohnegleichen. Kleistens Technik scheint naiv, seine Dispositionen fehlerhaft und banal: er bohrt sich langsam, in oft schiefen Wendungen und Krümmungen in die innerste Seele des Konflikts, um dann gewaltsam, mit jener nur ihm eigenen Kraft der Entladung das Gefühl herauszusprengen. Immer muß er deshalb ganz tief hinab, darum bedarf er, wie Dostojewski, der langwierigen Vorbereitungen, der raffiniertesten Verwirrungen, der labyrinthischen Unterstiege. Im Anfang seiner Dramen sind die Tatsachen, die Situation (›Zerbrochener Krug‹, ›Guiskard‹, ›Penthesilea‹) auf das dichteste verknäult, gleichsam das Gewölk geschaffen, aus dem das dramatische Gewitter dann erst losfahren kann, und er liebt diese gestaute, unübersichtliche, überfüllte Atmosphäre, weil sie in Verwirrung, Verstrickung und Weglosigkeit so recht die seiner Seele ist – Verwirrung der Situation entspricht da jener »Verwirrung des Gefühls«, die Goethe, den Klardämonischen, so sehr bei ihm beängstigte. Und gewiß steckt am Grunde dieses gewaltsamen Verbergens, dieses Rätselratens und Versteckens ein Schuß perverser Qualfreude, ein Vorlustgenießen im Spannen und Retardieren, ein Lüsteln und Zündeln mit der eigenen, der fremden Ungeduld. So rühren, ehe sie das Gefühl auflodern lassen, Kleistens Dramen schon aufreizend an die Nerven: wie ›Tristan‹-Musik schaffen sie gern mit einer schwelgerischen Monotonie, mit spannenden Andeutungen und aufregenden Undeutlichkeiten eine Vibration des Gefühls. Einzig im ›Guiskard‹ reißt er mit einem Ruck gleich einem Vorhang die ganze Situation tagklar auf – sonst beginnt bei ihm jedes Drama (›Homburg‹, ›Penthesilea‹, ›Hermannsschlacht‹) mit einer Verwirrtheit der Situation und der Charaktere, aus der dann lawinenhaft anschwellend die Urleidenschaft der Gestalten losbricht und schmetternd gegeneinanderstößt. Manchmal überrennen und zerbrechen sie dann in ihrem Überschwang die vorgezeichnete fragile Konzeption: außer im ›Homburg‹ hat man fast immer das Gefühl bei Kleist, als hätten seine Gestalten sich seiner Hand im Fieber entrissen und wären weiter hinausgestürmt ins Überdimensionale, hinaus in Stärken des Gefühls, wie sie der wache Traum weder gewagt noch gewollt. Nicht wie Shakespeare bewältigt er seine Gestalten und Probleme: sie reißen ihn über sich selbst hinaus. Sie folgen dem dämonischen Anruf, jede ein Zauberlehrling, und nicht dem klaren planenden Willen: im höheren Sinn ist Kleist unverantwortlich für sie wie für Worte, die man aus Träumen spricht und die ungehemmt die wahrsten Wünsche verraten.

Dieses Zwanghafte, Unfreie, dies Müssen über dem eigenen Willen waltet auch in seiner dramatischen Sprache: sie ist wie der Atem eines Aufgeregten, manchmal sich schäumend überstrudelnd und übersprudelnd, manchmal knapp aussetzend, ein Keuchen nur oder ein Schrei oder ein Schweigen. Unablässig fährt sie ins Gegenteilige: manchmal herrlich bildhaft in ihrem Lakonismus, erzgeprägt in ihrer starren Verhaltenheit, schmilzt sie in der Überhitze des Gefühls hemmungslos hyperbolisch über. Oft gelingen ihm einzige Ballungen, bluthaft strotzend wie kraftgeschwellte Adern, dann platzt wieder die aufgebrochene Empfindung bombastisch entzwei. Solange er sie zäumt, die Sprache, ist sie männisch und stark: aber wenn die Empfindung leidenschaftlich wird, entreißt sich ihm das Wort und schwelgt alle seine Träume bildernd aus. Nie hat Kleist seine Rede ganz in der Macht: er krümmt, er verbiegt, er dehnt und windet gewaltsam die Sätze, um sie hart zu machen, er spannt (der ewige Übertreiber) sie oft so auseinander, daß man die Enden kaum wieder zusammenfindet; aber immer nur über das einzelne hat er Gewalt und Geduld: nie strömen die ganzen Verse ineinander zu melodischem Fluß, es spritzt, es schäumt, es gischtet und zischt von Leidenschaften. So wie seine Menschen, wenn er sie in sein Fieber gejagt, ihre Überschwänge, so kann er schließlich die Worte nicht mehr im Zügel halten: wenn Kleist sich frei gibt (und in der Produktion entkettet er sein tiefstes

Selbst), so wird er überrast und überrannt von seinem Übermaß. Darum gelingt ihm auch kein einziges Gedicht (außer jener magischen Todeslitanei), weil Stauung und Niedersturz nie ein reines ebenmäßiges Strombild schaffen, sondern quirlend gegeneinanderwühlen: sein Vers geht ebensowenig ruhig und melodiös wie sein Atem. Erst der Tod erlöst ihn zu Musik, zum letzten Entströmen.

Treiber und Getriebener, Anpeitschender und selbst Gejagter, so steht Kleist mitten zwischen seinen Gestalten, und was diese seine Dramen so eminent tragisch macht, ist weniger ihre Konzeption, ihr Geistig-Gewolltes, ihr episodischer Einzelfall, sondern der ungeheuer verwölkte Horizont, der sie großartig ins Heroische aufweitet und erhöht. Kleist eignet eine eingeboren tragische Gefühlsvision der Welt, weil er niemals einen einzelnen Stoff als Tragödie formt und empfindet, sondern den Weltstoff selbst. Seine Schicksalsbeladenheit teilt er in wilder Wegsteigerung weiter mit, und der Riß, der jedem seiner Helden durch die Brust geht, ist für ihn Teil des ungeheuren Sprunges, der das ganze Weltall unheilbar spaltet und es zu einer einzigen Wunde, zu einem ewigen Leiden verwandelt. Wieder hat Nietzsche die Wahrheit seherisch gefühlt, wenn er von Kleist sagt, daß Kleist sich »mit der unheilbaren Seite« der Natur befasse, denn oftmals sprach er von der »Gebrechlichkeit der Welt«, ihm war sie unheilbar, nie ganz zu vereinen, schmerzliche Ungelöstheit und Unlösbarkeit. Damit gewinnt er aber die wahrhafte Einstellung des Tragikers: nur wer die Welt unablässig als Vorwurf empfindet im doppelten Sinne des Worts, als Stoff und als Anklage zugleich, der kann als Kläger und Richter und Schuldner und Gläubiger Mund um Mund, Rede um Rede dramatisch auftun und jeden sein Recht haben lassen wider das ungeheure Unrecht der Natur, die den Menschen so fragmentarisch, so zerteilt, so ewig unbefriedigt gemacht. Freilich ist solche Vision der Welt nicht hellen Auges zu sehen. Goethe hatte ironisch einem andern Verdunkelten, Arthur Schopenhauer, in sein Stammbuch geschrieben:

> Willst du dich deines Wertes freuen,
> So mußt der Welt du Wert verleihen.

Nun, niemals konnte Kleistens tragische Anschauung sich entschließen, wie Goethe der Welt »Wert zu verleihen«, und wahrhaft hat sich es darum auch ihm erfüllt, daß er sich nie »seines Wertes freuen« durfte. An seiner eigenen Unzufriedenheit mit dem Kosmos gehen alle seine Geschöpfe zugrunde: tragische Kinder eines echten Tragikers wollen sie ewig über sich hinaus und mit dem Kopf durch die starre Wand des Schicksals. Goethes Konzilianz, die sich weise resignierend mit dem Leben abfand, mußte sich unwillkürlich seinen Figuren, seinen Problemen mitteilen, die darum niemals antike Größe erreichten, selbst wenn sie sich Gewand und Kothurn borgten. Auch die tragisch konzipierten, wie Faust und Tasso, beschwichten und beruhigen sich und werden »gerettet« vor ihrem letzten Selbst, vor ihrem heiligen Untergang. Er wußte, der Urweise, um das Zerstörerische der wahren Tragik (»es würde mich zerstören«, bekennt er, wenn er eine wirkliche Tragödie schriebe); er sah mit seinem Adlerblick die ganze Tiefe der eigenen Gefahr, aber er war zu vorsichtigweise, sich niederzustürzen. Kleist dagegen war heldenhaft unweise, er hatte den Mut und die Besessenheit zur letzten Tiefe: wollüstig jagte er seine Träume und seine Gestalten in die äußersten Möglichkeiten hinab, wohl wissend, daß sie ihn mitreißen würden in das heilige Verhängnis. Er sah die Welt als Tragödie, so schuf er Tragödien aus seiner Welt und formte als ihre letzte und höchste sein eigenes Leben.

Heinrich von Kleist: Ein Bild seines Lebens und Wirkens
(Rudolf Genée)

Heinrich von Kleist steht unter den Geistesarbeitern der deutschen Nation nicht unbestritten in der Reihe unserer ersten und als klassisch anerkannten Dichter und Denker.

Trotz seiner außerordentlichen dichterischen Kraft steht er dennoch in der Totalität seiner Erscheinung nicht ebenbürtig neben Lessing, Herder, Goethe oder Schiller, sondern er nimmt nach diesen seinen ganz besondern Platz ein, als der weitaus grüßte, aber auch unglücklichste der Romantiker. Auch nach seinem Tode hat es noch lange gedauert, bis er in unserer Literatur zu der in neuerer Zeit ihm zuerkannten Bedeutung gelangt ist. Solche Erscheinungen haben stets ihren Grund in der dichterischen Persönlichkeit und in deren Schöpfungen selbst, und man braucht deshalb die Mitlebenden des Dichters nicht anzuklagen, daß sie ihn ungewürdigt gelassen hätten. Wenn man sich gegenwärtig in gesteigertem Maße und mit gesteigerter Anerkennung seiner ungewöhnlichen dichterischen Bedeutung zuwendet, so ist dies aus verschiedenen Ursachen zu erklären. Erstens Pflegt die Nachwelt einen besonderen Eifer daran zu setzen, das wieder gut zu machen und das reichlichst zu gewähren, was die Mitwelt dem Dichter versagte, und nicht selten geht sie dabei ebensosehr über die Grenzen der Bewunderung hinaus, wie man vordem hinter dem ihm zukommenden Maße der Anerkennung zurückgeblieben war. Bei Kleist aber ist es außerdem neben dem Dichter auch seine Persönlichkeit und sein tragisches Geschick, was das Interesse für ihn mehr und mehr gesteigert hat.

Kein deutscher Dichter von seiner Bedeutung hat sein Leben hindurch so schmerzlich gerungen und gelitten, keinem wurde ein so wahrhaft tragisches Geschick bestimmt wie eben unserem Kleist. Ein Dichter, der sich selbst seiner poetischen Kraft bewußt war wie irgend einer und der doch niemals als Dichter einen Erfolg gehabt, der ihn hätte erheben oder auch nur befriedigen können) ein Mensch von starkem und strengem Sittlichkeitsgefühl, der dasselbe überall im Widerspruch mit den ihn umgebenden Verhältnissen empfand; endlich ein Patriot von reinster, tiefinnigster Liebe für sein Vaterland, das er unter der brutalen Mißhandlung eines verhaßten Feindes bluten und in Ohnmacht danieder gesunken sah: das alles wirkte in dem unglücklichen Kleist zusammen – und noch manches andere, worauf wir später kommen – um ihm ein Leben voll Enttäuschungen, voll Trauer, Entbehrungen und Bitterkeiten zu bereiten, und ihn frühzeitig in den selbstgewählten Tod zu treiben.

Wo uns Kleist in seinen Dichtungen zur Bewunderung nötigt, da haben wir es nur mit dem Dichter zu tun. Wo er hingegen uns abstößt und betroffen macht, da suchen wir in ihm den Menschen auf, um aus seiner Gemütsart wie aus seinen Schicksalen und Lebensverhältnissen uns die Widersprüche zu erklären, und dann finden wir, daß es bei vielen großen und liebenswürdigen Eigenschaften doch ein von Natur aus unglückliches Gemüt ist, welches unsere Teilnahme in so ganz verschiedenartiger Weise erweckt, und ein Dichter, der uns zum denkbar höchsten Entzücken bewegt, um gleich hinterher unser Gefühl zu verletzen oder doch mindestens Befremden zu erregen. Die Widersprüche in Kleist sind es freilich auch, die den Biographen und den Forscher in besonderer Weise reizen, die aber auch mehr als bei irgend einem andern Dichter uns veranlassen, ihn und seine dichterischen Schöpfungen aus seiner menschlichen Eigenart und Persönlichkeit zu erklären.

Heinrich von Kleist wurde am 18. Oktober 1777 als der Sohn eines preußischen Offiziers, des Kapitäns Joachim Friedrich von Kleist, zu Frankfurt an der Oder geboren. Seine beiden älteren Geschwister waren Mädchen, später wurden ihm noch ein Bruder und eine Schwester geboren. Von seinen Jugendjahren wissen wir nicht viel. Sein Hauslehrer schildert ihn »als einen nicht zu dämpfenden Feuergeist« von exaltierter Gemütsart, die sich selbst in geringfügigen Dingen bemerkbar machte, dabei aber auch, wo es auf Bereicherung seiner Kenntnisse ankam, mit bewunderungswürdiger Auffassungsgabe ausgerüstet, von Liebe und warmem Trieb zum Wissen beseelt, und zugleich »der offenste, fleißigste und anspruchsloseste Kopf von der Welt.«

Schon in seinem zehnten Lebensjahre scheint er seine Eltern verloren zu haben, aber, als einer militärischen Familie von altem preußischem Geschlecht entstammend, war es natürlich, daß auch der Knabe für den Militärstand bestimmt war. Zu seiner weiteren Ausbildung wurde er 1787 nach Berlin geschickt und 1792 trat er in die preußische Armee ein. Was wir aus den folgenden Jahren von ihm wissen, läßt uns auch schon sein herzliches Verhältnis zu seiner

Lieblingsschwester Ulrike erkennen, ein Verhältnis, dem wir eine große Anzahl von Briefen verdanken, die uns tiefe und reiche Einblicke in sein Gemütsleben gestatten, und in denen uns auch manche Daten über seine äußern Lebensverhältnisse aufbewahrt worden sind.

Kleists mächtiger Trieb zu den Wissenschaften ließ ihn nicht lange im Soldatenstande ausharren. Schon 1798 stand sein Vorsatz fest, seinen Abschied nachzusuchen, und nachdem er unter der Leitung des Konrektors Bauer in Potsdam sich zur Universität vorbereitet hatte, ging er zu seinen Geschwistern nach Frankfurt a. O. zurück, um dort seine Zeit ganz den Studien zu widmen. Daß das Aufgeben seiner militärischen Laufbahn nicht ohne harte Kämpfe mit seinem Vormund und seinen Verwandten abgehen konnte, versteht sich von selbst, und sein Entschluß erregte um so mehr Befremden und Widerspruch, als er für seine wissenschaftlichen Studien – es waren zunächst Mathematik und Philosophie – einen bestimmten Lebensberuf nicht ins Auge gefaßt zu haben schien. Nur allgemeine wissenschaftliche Bildung, alles, was ihm zu einem harmonisch ausgebildeten Menschen nötig zu sein schien, das war es, was er begehrte, und er mochte hierbei schon ein dunkles Gefühl für seinen dichterischen Beruf haben. Von hohem Interesse für die Beurteilung seiner ihn damals bewegenden Gefühle und für die vorgeschrittene Reife seines Geistes in so früher Jugend sind seine Briefe, die uns bereits Ed. v. Bülow in seinem grundlegenden Buche über Kleist (»Heinrich von Kleist's Leben und Briefe« Berlin, 1848) mitgeteilt hat. In den beiden an seinen ehemaligen Lehrer gerichteten Briefen vom Jahre 1799 erörtert der noch nicht zweiundzwanzigjährige Jüngling bereits mit der ihm eigenen Hartnäckigkeit und Strenge allgemeine menschliche Probleme, wobei er aber auch sein eigenes Leben und seinen Beruf im Auge hat, wenn er die Frage aufwirft: »ob ein Fall möglich sei, in welchem ein denkender Mensch der Ueberzeugung eines andern mehr trauen soll, als seiner eigenen?« Im zweiten Briefe spricht er es offen aus, daß er »dem Soldatenstande nie von Herzen zugetan gewesen,« weil er etwas durchaus Ungleichartiges mit seinem ganzen Wesen in sich trüge; der Stand sei ihm verhaßt geworden, weil er von zwei durchaus entgegengesetzten Prinzipien unaufhörlich gemartert wurde, weil es ihm immer zweifelhaft war, ob er als Mensch oder als Offizier handeln müsse, und er sei deshalb mit Notwendigkeit dazu getrieben worden, diesen Stand zu verlassen. Diesen schon hier ausgesprochenen Konflikt zwischen seinem eigenen Fühlen und seiner eigenen Erkenntnis mit den durch äußere Verhältnisse ihm auferlegten Pflichten glaubte er mit seinem Verlassen des Offizierstandes zu beenden, aber er hat ihn sein ganzes Leben lang mit sich herumgetragen, und er ist bis zu seinem Ende damit gemartert worden. Seine Studien auf der damals noch bestehenden Universität zu Frankfurt an der Oder trieben ihn immer mehr in die Probleme der Philosophie, und bestärkten ihn in seinem sittlichen Rigorismus, den er nicht nur gegen andere, sondern vor allem auch gegen sich selbst geltend machte. Dabei war er im geselligen Verkehr mit seinen Geschwistern und mit seinen Freunden für gewöhnlich heiter, unterhaltend und von goldener Treuherzigkeit. Oft kindisch ausgelassen, konnte er aber durch das geringste Vorkommnis, was sein strenges Sittlichkeitsgefühl verletzte, ernst und abweisend, ja in tiefster Seele empört werden, und auch in ruhiger Stimmung warf er sich gern zum Lehrmeister auf, vor allem denjenigen Personen gegenüber, die seinem Herzen am nächsten standen, und das war in erster Reihe seine Schwester Ulrike, gegen die er nicht müde wurde, besonders im brieflichen Verkehr, sein Herz auszuschütten, und der er einmal schreibt: »Du bist die einzige, die mich hier ganz versteht ...Deine Mitwissenschaft meiner ganzen Empfindungsweise, Deine Kenntnis meiner Natur, schützt sie umsomehr vor ihrer Ausartung; denn ich fürchte nicht allein mir selbst, ich fürchte nun, auch Dir zu mißfallen. Dein Beispiel schützt mich vor allen Einflüssen der Torheit und des Lasters, Deine Achtung sichert mir die meinige zu.« – Es scheint, daß Kleist in solchen Empfindungen sich lieber schriftlich als mündlich aussprach, denn er schrieb auch Briefe, wo der persönliche Verkehr ihm das Schreiben unnötig machte. Sein Herz war zu voll, sein Geist zu erregt, als daß er im Sprechen hätte den richtigen Ausdruck finden können, und da es ihm dabei darauf ankam, das, was er empfand und dachte, auch richtig und mit eindringlicher Klarheit auszudrücken und zu stilisieren, so erkennen wir auch hierin schon seine Neigung und seinen Beruf für die Feder.

In seinem Umgang mit den Geschwistern und jüngern Freunden war es unter andern auch sein eifriges Bestreben, darauf hinzuwirken, daß eine gute und reine deutsche Sprache, mit der es damals im allgemeinen noch ziemlich übel aussah, zu ihrem Rechte komme, und er erklärte es seinen Geschwistern als eine Schande, daß die Sprache des eigenen Landes so schlecht gesprochen werde. Vorübergehend hatte er den Gedanken gefaßt, auf eine Professur sich vorzubereiten. Zu seiner eigenen Uebung nicht minder wie zur Belehrung der Seinigen hielt er ihnen ein Kollegium über Kulturgeschichte und hatte sich dazu ein eigenes Katheder herstellen lassen. Kleists Gedanke an eine später zu erlangende Professur war aber nur vorübergehend, wie er sich denn überhaupt für einen zu erwählenden bestimmten Lebensberuf durchaus nicht entschließen konnte.

In diese Zeit seines Frankfurter Aufenthalts, 1799 bis 1800, fällt ein wichtiger Moment seines Lebens, indem er sein Herz einem Mädchen schenkte, mit welchem er für sein Leben sich dauernd zu verbinden dachte. Wichtig für sein Leben war diese Liebesgeschichte, obwohl sie nach dem Verlöbnis zu einer dauernden Verbindung nicht geführt hat, denn das Verhältnis löste sich später wieder, ohne daß irgend ein bestimmtes Ereignis dazwischen getreten wäre. Die Auserwählte war die Tochter eines Nachbars in Frankfurt, des Generals von Zenge. Auch aus dieser Zeit seiner Verlobung mit *Wilhelmine von Zenge* sind uns seine Briefe erhalten geblieben, die uns wichtige Einblicke in seine Gemütsverhältnisse gestatten und vieles zur Beurteilung seines eigenartigen Wesens beitragen. Kleist hatte die Marotte, daß dies Einverständnis geheim bleiben sollte, weil er meinte, daß durch die Mitwissenschaft anderer der zarte und beseligende Reiz einer solchen Liebe beeinträchtigt werde. Nur die Schwester seiner Wilhelmine war in das Geheimnis gezogen, aber endlich sollten es doch auch wenigstens die Eltern der Braut auf deren Drängen erfahren, und hiernach blieb es für alle anderen ein öffentliches Geheimnis. Kleists leidenschaftliche Natur brachte schon frühzeitig auch dies Verhältnis zu seiner Braut in eine schiefe Richtung. Er verlangte in seiner herrischen Liebe von ihr, daß sie nichts erfreuen sollte, als was sich auf ihn bezog, und daher kam es, daß er fortwährend sich veranlaßt fand, über Mangel an Liebe sich zu beklagen. Auch in diesem Verhältnisse zeigte sich wieder seine Vorliebe für schriftliche Auseinandersetzungen, wo ihm der mündliche Verkehr näher lag. Denn obwohl die Liebenden Haus an Haus wohnten, so schrieb er ihr doch beinahe täglich die leidenschaftlichsten Briefe. Es wird uns schon hierdurch die Vermutung nahe gelegt, daß die angebliche Leidenschaft bei ihm keine wahrhafte Liebe war, wie sie zwei Menschen zu ihrem beiderseitigen Glück verbinden soll, sondern daß es sich hier mehr um Exaltationen seiner starken Einbildungskraft handelte, und wir können danach begreifen, daß auch dies Verhältnis ihn für die Dauer nicht beglücken konnte.

Im Sommer des Jahres 1800 verließ Kleist seinen Heimatsort wieder, um sich nach Berlin zu begeben, und zwar infolge eines von ihm neu gefaßten Planes. Er hatte nämlich seinen Studien eine andere Richtung gegeben und die Diplomatie zu seinem Lebensberuf wählen wollen, indem er sich vorstellte, einmal zu einem Gesandtschaftsposten zu kommen. Wie schwach aber auch dieser Vorsatz in ihm war und wie leicht er wieder schwand, zeigte sich sehr bald. In der Tat war er nach Berlin gereist und hatte sich dort dem Minister Struensee vorgestellt, der ihn kurze Zeit zu einigen Geschäften verwendete. Unverhofft nach Frankfurt zurückgekehrt, verkündete er dort den Seinen die Notwendigkeit einer längeren Reise. Was der eigentliche Zweck derselben war, ist bis heute noch nicht aufgeklärt worden, und Kleist selber behandelte die Sache wie ein wichtiges Geheimnis. Zuerst sollte die Reise nach Wien gehen, aber mit einem in Berlin neu gewonnenen Freunde Brockes reiste er nach Dresden, und von hieraus nicht nach Wien, sondern nach Würzburg. Ende Oktober 1800 war er wieder nach Berlin zurückgekehrt, und von hier aus schrieb er sowohl an seine Schwester Ulrike, wie danach an seine Braut Wilhelmine seltsam erregte Briefe, aus denen schon wieder seine Abneigung gegen die diplomatische Laufbahn hervorgeht, während er anderseits geheimnisvolle Andeutungen über neue Lebensziele macht. »Jetzt erst,« schreibt er an seine Schwester, »öffnet sich mir etwas, was mich aus der Zukunft anlächelte, wie Erdenglück ...Ich war gestern in Potsdam, und alle Leute glaubten, ich wäre darum so seelenheiter, weil ich angestellt wäre – die Toren!« Einen Monat später erklärt er denn auch deutlich seine Abneigung gegen die diplomatische Laufbahn, unmittelbar, nachdem ihm ein bestimmtes Amt angeboten war. »Wenn ich dieses Amt ausschlage, so gibt es für mich kein besseres, wenigstens kein praktischeres. Die Reise war das einzige, was mich reizen konnte, so lange ich davon noch nicht genug unterrichtet war.« Hier sagt er also ziemlich deutlich, daß der Zweck der Reise eine geheime diplomatische Sendung, wenn auch vielleicht von untergeordneter Bedeutung, war, und fährt dann fort: »Aber es kommt dabei hauptsächlich auf List und Verschmitztheit an und darauf verstehe ich mich schlecht. Die Inhaber ausländischer Fabriken führen keinen Kenner in die Werkstatt. Das einzige Mittel also, doch hinein zu kommen, ist Schmeichelei, Heuchelei, kurz, Betrug. Ja, man hat mich in dieser Kunst, zu betrügen, schon unterrichtet; nein, mein liebes Ulrikchen, das ist nichts für mich. Was ich aber für einen Lebensweg einschlagen werde? Noch weiß ich es nicht.« Und wieder kommt er in diesem Brief auf die früher schon gemachten Andeutungen zurück, daß er jetzt vieles auf dem Herzen habe, das ihn froh stimmt – »setzt hat sich die Sphäre für meinen Geist und für mein Herz ganz unendlich erweitert,« – aber ihr ausführlich darüber zu schreiben, das würde in einem Briefe zu weit führen.

Der Brief, den er so ziemlich um dieselbe Zeit an seine Braut schrieb, ist eine förmliche Abhandlung über die Frage: ob ihn ein Amt glücklich machen könne? Und er verneint diese Frage aufs entschiedenste und beantwortet dabei auch alle Einwände, die ihm dagegen gemacht werden könnten. »Kann man denn,« fragte er weiter, »nichts Gutes wirken, wenn man auch nicht eben dafür besoldet wird?« Immer ist es der Drang nach Unabhängigkeit, der aus diesen seinen Erörterungen spricht. Freilich müsse er dann etwas erwerben können, und das würde er sicher einmal, wenn sie nur ein wenig Geduld haben wolle. Und nun spricht er zum ersten Male es offen und bestimmt aus, daß er durch schriftstellerische Tätigkeit erwerben und glücklich mit ihr leben könne: »Ich bilde mir ein, daß ich Fähigkeiten habe, seltene Fähigkeiten, meine ich. Ich glaube es, weil mir keine Wissenschaft zu schwer wird, weil ich rasch darin vorrücke, weil ich manches schon aus eigener Erfindung hinzugetan habe, – und am Ende glaube ich es auch darum, weil alle Leute mir es sagen. Da stünde mir nun für die Zukunft das ganze schriftstellerische Fach offen. Darin fühle ich, daß ich sehr gern arbeiten würde. Da ist die Aussicht auf Erwerb äußerst vielseitig. Ich könnte nach Paris gehen, und die neueste Philosophie in dieses neugierige Land verpflanzen...« Wie brodelt hier in seinem Kopfe alles durcheinander! Also nicht dichterische Produktion war es zunächst, was er treiben wollte, sondern Philosophie. Er, der jetzt dreiundzwanzigjährige Jüngling, will die Franzosen mit der Kantschen Philosophie bekannt machen, in der er selbst noch so unsicher hin und her schwankte, in der aber das vom großen Philosophen aufgestellte Sittengesetz, das als der kategorische Imperativ bezeichnet wurde, sein ganzes Fühlen und Denken so mächtig ergriffen hatte. Auf seinen Plan, nach Frankreich zu gehen, wieder zurückkommend, präzisiert er denselben dahin, zunächst die französische Schweiz zu erwählen, um dort Unterricht in der deutschen Sprache zu geben, denn es werde von der Akademie und von allen französischen Gelehrten unaufhörlich die Erlernung der deutschen Sprache anempfohlen, »weil man einsieht, daß jetzt von keinem Volke der Erde mehr zu lernen ist als von den Deutschen.« Endlich empfiehlt er seiner Braut, recht fleißig die französische Sprache zu treiben, in der er selber sich auf französischem Boden recht zu beschäftigen hoffe, weil er nur durch dieses Mittel die Franzosen in der neuen deutschen Philosophie unterrichten könne. Sehr sonderbar nimmt es sich dabei aus, wie er zwischen allen diesen Erörterungen und Plänen immer wieder darauf bedacht ist, für die »Bildung« seiner Braut zu sorgen, was er abwechselnd wie ein feuriger Liebhaber und wie ein recht pedantischer Schulmeister tut.

Nachdem Kleist den Winter über meist in Berlin verlebt, kam es im Frühling 1891 mit seinem Reiseplan zu einer neuen und entscheidenden Krisis. Das Leben in Berlin hatte ihn immer unruhiger und unzufriedener mit sich selbst gemacht, und die Philosophie, anstatt ihn zu trösten, hatte ihn an sich selbst verzweifeln gemacht, und mit seiner gewöhnlichen Heftigkeit beschließt er plötzlich, den Wissenschaften den Rücken zu kehren, weil er – keine Wahrheit darin finden konnte, nicht die mit aller Kraft seiner Seele von ihm gesuchte Wahrheit. Der entsprechende Brief an seine Wilhelmine ist vom 22. März 1801. Auch dieser ist wieder eine ganze Abhandlung, in welcher er auf die bisher von ihm geträumte Bestimmung des Menschen und auf den Zweck der Schöpfung kommt, welcher Vervollkommnung sei: »Ich glaubte, daß wir einst nach dem Tode von der Stufe der Vervollkommnung, die nur auf diesem Sterne erreichten, auf einer andern weiter fortschreiten würden, und daß wir den Schatz der Wahrheiten, den wir hier sammelten, auch dort einst brauchen können. Aus diesen Gedanken bildete sich so nach und nach eine eigene Religion und das Bestreben, nie auf einen Augenblick hienieden stille zu stehen, und immer unaufhörlich einem höhern Grade von Bildung entgegenzuschreiten, ward bald das eigene Prinzip meiner Tätigkeit. Bildung schien mir das einzige Ziel des Bestrebens, Wahrheit der einzige Reichtum, der des Besitzes würdig ist...« Nach weiterer Ausführung des Gedankens kommt er dann zu dem schmerzlichen Resultat, daß unser Verstand uns keine Bürgschaft dafür gibt, ob wir richtig erkennen und urteilen: »Wir können nicht entscheiden, ob das, was wir Wahrheit nennen, wahrhaft Wahrheit ist, oder ob es uns nur so scheint. Ist es das letztere, so ist die Wahrheit, die wir hier sammeln, nach dem Tode nichts mehr, und alles Bestreben, ein Eigentum sich zu erwerben, das uns auch in das Grab folgt, ist vergeblich...« Sein Seelenzustand muß, nach diesem Briefe zu urteilen, in dieser Zeit ein tief trauriger gewesen sein, und einige Linderung empfand er nur darin, sich darüber, wenn auch nur brieflich, aussprechen zu können. Aus diesen seinen Briefen an Wilhelmine erkennen wir aber auch, daß er seine Braut fortwährend auf harte Geduldsproben stellte. Und jetzt stand sein Entschluß fest, zu reisen, denn er sehnte sich »ins Freie«, weil er im Freien auch freier werde denken können; denn in Berlin, schreibt er, finde er nichts, was ihn auch nur auf einen Augenblick erfreuen könnte; unter Fremden aber hoffte er, sich wohler zu befinden als unter Einheimischen, die ihn für verrückt halten müßten, wenn er es wage, sein Innerstes zu zeigen.

Die Reise nach Paris, denn dieses blieb auch jetzt sein Ziel, wollte er mit seiner Schwester Ulrike machen, und diese hatte ihm schon zugeschrieben, deshalb nach Berlin zu kommen. Einen bestimmten Zweck dieser Reise hatte er jetzt nicht mehr, nur der Drang nach einer gründlichen Veränderung seiner Lage war es, was ihn erfüllte. In seinem vorletzten Briefe aus Berlin an Wilhelmine schickte er dieser sein Miniaturbild, das er für sie hatte malen lassen, und schrieb dabei: »Mögest Du es ähnlicher finden als ich. Es liegt etwas Spöttisches darin, das mir nicht gefällt; ich wollte, er hätte mich ehrlicher gemalt.« Aus demselben Briefe aber geht auch hervor, daß ihn das Unternehmen seiner Reise schon fast gereute. Er wäre auch in seiner jetzigen Stimmung lieber allein gereist, aber er hatte seiner von ihm so sehr geliebten und verehrten Schwester das Versprechen gegeben, sie bei einer Reise ins Ausland mitzunehmen, und so erwartete er ihre Ankunft in Berlin. Im April 1801 trat Kleist mit seiner Schwester die Reise an, welche zuerst nach Dresden führte. Hier verweilten sie ein paar Wochen, besuchten die Umgegend, die sächsische Schweiz, Freiberg und Teplitz, und machten in Dresden selbst angenehme Bekanntschaften. Besonders waren es zwei Schwestern, Fräuleins von Schlieben, welche ihm große Sympathien erweckten, weil sie, wie er selber an seine Braut schreibt, »arm, freundlich und gut« waren, »drei Eigenschaften, welche zusammengenommen mit zu dem Rührendsten gehören, das ich kenne.« Von Dresden reisten Kleist und seine Schwester (stets mit eigenem Geschirr) nach Leipzig, von dort nach Göttingen, Halberstadt, Mainz und Köln.

Sein erster Brief aus *Paris* ist vom 18. Juli datiert und an die eine der Fräuleins von Schlieben in Dresden gerichtet. Der Brief ist sehr warm und herzlich, aber der Inhalt läßt kein anderes Gefühl als das der Freundschaft und des innigsten Wohlwollens erkennen. Ueber seine Eindrücke in Paris schreibt er nur wenig, mit Gleichgültigkeit und auch mit Verachtung, dagegen erinnert er sich an alles Gute und Schöne, das er in dem lieben und herrlichen Dresden genossen und gibt dann überaus beredte und wahrhaft dichterisch schöne Schilderungen von der Großartigkeit des Rheins. Der Brief enthält aber auch ein paar sehr merkwürdige Stellen, welche wieder dartun, wie er ganz im unklaren über die fernern Ziele seines Lebens war. Erst berichtet er, daß er in Paris wenigstens ein Jahr bleiben werde, um die Naturwissenschaft zu studieren. Dann aber fährt er fort: »Wohin ich dann mich wende, und ob der Wind des Schicksals noch einmal mein Lebensschiff nach Dresden treiben wird? Ach! ich zweifle daran. Es ist wahrscheinlich, daß ich nie in mein Vaterland zurückkehre. In welchem Weltteile ich einst das Pflänzchen des Glückes pflücken werde, und ob es überhaupt irgendwo für mich blüht –? Ach! dunkel, dunkel ist alles!«

Für einen Jüngling, der seine Braut in Frankfurt an der Oder hatte, klingt dies schon etwas bedenklich. Und wenn auch solche Stimmungen bei Kleist, wie seine Pläne und Entschlüsse, stets nur flüchtig und vorübergehend waren, so erkennen wir doch auch hieraus, daß die heftige Liebe zu Wilhelmine bei ihm mehr in der Theorie bestand als in der Wirklichkeit. Sein nächster Brief an die Braut beginnt zwar herzlich genug: »Mein liebstes Minchen!« Aber gleich fragte er sie dann: Ob sie ihn wohl noch mit solcher Innigkeit liebe, ihm noch mit so vielem Vertrauen ergeben sei wie sonst? Er besorgt jetzt selbst, daß seine Abreise von Berlin, ohne Abschied von ihr zu nehmen, sie verstimmt haben müsse, und kommt dann zu dem seltsamen Geständnis, daß er oft mit sich gekämpft habe, ob es nicht seine Pflicht sei, sie zu verlassen, sie von demjenigen zu trennen, »der sichtbar seinem Abgrunde entgegeneilt.« Dann aber fragte er sich: wenn er sie verließe, ob sie dann wohl glücklicher sein werde? Ob sie nicht auch dann um die Bestimmung ihres Lebens betrogen sei, und ob ein anderer Mann sich um ein Mädchen bewerben werde, »dessen Verbindung weltbekannt ist.« Noch bedeutungsvoller sind im weiteren Verlaufe des Briefes seine Betrachtungen über Leben und Tod. Die Furcht vor dem Tode bezeichnet er als ekelhaft und fährt dann fort: »Das Leben ist das einzige Eigentum, das uns dann etwas wert ist, wenn wir es nicht achten,« – ein Gedanke, den er später in seinem ersten Trauerspiel »Die Familie Schroffenstein« fast wörtlich wiedergegeben hat.

Kleist war in Parts zwar mit einigen Gelehrten bekannt geworden, scheint aber dennoch sich von allem, was ihn wieder zu den Wissenschaften hätte führen können, wieder zurückgezogen zu haben. Es ist begreiflich, daß bei einer Natur, wie die seinige war, in den Verhältnissen der Pariser Gesellschaft nicht nur seine sittliche Strenge zum äußersten Widerstand gegen die moralische Fäulnis sich erhoben hatte, sondern daß seine schon früher ein paarmal geäußerte Sehnsucht nach der Einfachheit und Reinheit der ländlichen Natur mächtiger in ihm wurde. Zwischen den Briefen an seine Braut schrieb er einmal auch an deren Schwester, die er seine »goldene Schwester« zu nennen pflegte, und entwirft in diesem Briefe ein wahrhaft grausiges Bild von den Pariser Verhältnissen, ja von der Abscheulichkeit der Stadt selbst, wobei er offenbar mehr von seiner ausschweifenden Phantasie als von der strengen Wahrheit sich leiten ließ. Die Stadt schildert er als schmutzig, ekelhaft, stinkend, und unter den Bewohnern seien Verrat, Mord, Diebstahl, Ehebruch zwischen Blutsverwandten und Totschlag unter Freunden und Anverwandten Dinge, die täglich vorkommen, und die der Nachbar kaum des Anhörens würdigt. Dabei spottet er von Herzen und mit beißender Satire über die Franzosen, wie sie einen lächerlich hohen Wert auf feine und elegante Formen und Manieren legen; deshalb würden auch Soldaten, mögen sie in den Schlachten noch so sehr sich ausgezeichnet haben, in die Gesellschaften nicht zugelassen, wenn ihnen die nötige gesellschaftliche Eleganz fehle. »Ein Offizier,« schreibt er, »möge eine Tat begangen haben, die Bayards würdig wäre, so ist das hinreichend, von ihm zu sprechen, ihn zu loben und zu rühmen; nicht aber mit ihm in Gesellschaft zu sein. Tanzen soll er, er soll wenigstens die vier französischen Positionen und die fünfzehn Formeln kennten, die man hier Höflichkeiten nennt, und selbst Achilles oder Hektor würden hier kalt empfangen werden, weil sie keine *éducation* hatten und nicht amüsant genug waren.«

Es ist interessant, wie schon hier Kleists ehrliche Natur gegen das französische Wesen mit solcher Indignation sich auflehnt. Man wird hiernach um so mehr den furchtbaren Haß und patriotischen Radikalismus verstehen, der ihn später gegen die frechen Eindringlinge erfüllte. Die in seinem unruhigen Geiste jetzt revoltierende Idee, die schon durch seine Begeisterung für Jean Jaques Rousseau erweckt worden war, sich nicht nur von den Wissenschaften, sondern von der modernen Zivilisation überhaupt auf die Einfachheit des Natur- und Landlebens sich zurückzuziehen, war begreiflicherweise durch die sittliche Fäulnis, welche bei den Franzosen ihn anekelte, zu einem bestimmten Entschlusse gediehen. Und diesen Entschluß setzt er im Oktober 1801 in zwei Briefen ausführlich seiner Braut auseinander: »Die Wissenschaften«, schreibt er ihr, »habe ich ganz aufgegeben. Ich kann Dir nicht beschreiben, wie ekelhaft mir ein wissender Mensch ist, wenn ich ihn mit einem handelnden vergleiche. Kenntnisse, wenn sie noch einen

Wert haben, so ist es nur, wenn sie vorbereiten zum Handeln.« Dann erinnert er sich wieder an seine geistigen Fähigkeiten und meint, mit »Bücherschreiben« könnte er mehr verdienen, als er braucht. »Aber Bücherschreiben für Geld? nichts davon ...Ich begreife nicht, wie ein Dichter das Kind seiner Liebe einem so rohen Haufen wie die Menschen sind, übergeben kann.« Ein Feld zu bebauen, einen Baum zu pflanzen, ein Kind zu zeugen, das gilt ihm jetzt als die höchste und einzige Weisheit des Lebens – »ich will im eigentlichen Verstande ein Bauer werden, mit einem etwas wohlklingendem Worte ein Landmann.« Seine Idee war, im nächsten Frühjahr von Paris in die Schweiz zu gehen, dort sich ein Oertchen auszusuchen, wo er mit Wilhelmine eine Familie gründen könne, der übrigen Welt den Rücken kehrend. Er sagt sich wohl selber, daß seine Braut dagegen Bedenken haben könne, und er redet ihr kaum zu, ihm in das Asyl der Ländlichkeit zu folgen, sondern sucht schon mit dem Gedanken sich abzufinden, auf sie verzichten zu müssen –: »Ich habe kein Recht auf solche Aufopferungen, und wenn Du diese mir verweigerst, werde ich darum an Deiner Liebe nicht zweifeln. Indessen, liebes Mädchen, weiß ich fast keinen andern Ausweg.«

Was blieb Wilhelminen unter solchen Umständen anders übrig, als zu entsagen? Selbst wenn sie ihm gefolgt wäre, um die ländliche Zurückgezogenheit mit ihm zu teilen, so mußte es ihr sehr fraglich erscheinen, ob ihre Liebe hingereicht hätte, ihn glücklich zu machen, und ob ferner bei der ihn erfüllenden Unruhe, bei seinen so oft wechselnden Entschlüssen, selbst wenn dies jetzige Vorhaben zur Ausführung gekommen wäre, auch diese seine neueste Erkenntnis lange Bestand haben würde? Wilhelmine hatte seinen ihr entdeckten Lebensplan ihren Eltern mitgeteilt, welche ihn entschieden mißbilligten. Sie teilte ihm dies so schonend wie möglich mit, worauf Kleist ein halbes Jahr lang ganz gegen sie schwieg. Erst später schrieb er ihr wieder einen kurzen Brief, in welchem er sich über ihre Kälte beklagte, indem er hinzufügte, daß er nun zu der Einsicht gekommen sei, sie habe ihn nie geliebt und werde ihn niemals lieben. Damit war dies Verhältnis – gewiß ohne Schuld der Braut – gelöst. Wer könnte sagen, ob dieser Bruch von Einfluß auf den weitern tragischen Verlauf seines Lebens gewesen ist. Bei Kleists Natur wird man dies kaum annehmen können. Es war ihm, seiner ganzen Natur nach, ein glückliches Leben nicht beschieden, und er wäre sicher als Gatte und Familienvater ebensowenig zu dem ihm versagten Lebensglücke gelangt wie als ackerbauender Einsiedler. Sein neuer Lebensplan war übrigens auch von seiner Schwester Ulrike entschieden gemißbilligt worden, aber auch ihr Widerspruch konnte nichts gegen seinen Willen ausrichten. In Paris hielt er es nicht so lange aus, als es seine Absicht gewesen, denn schon im Dezember verließ er die ihm verhaßte Stadt. Da seine Schwester nach Deutschland zurückkehren wollte, so begleitete er sie bis Frankfurt am Main. Hier trennte er sich von ihr, um sich nach der Schweiz zu begeben. In Frankfurt hatte er einen Maler Lohse kennen gelernt, der ebenfalls nach der Schweiz wollte, und mit diesem wanderte er seinem ersehnten neuen Boden zu. Beide machten die Reise zu Fuß, über Darmstadt kamen sie nach Heidelberg, von dort nach einigem Verweilen nach Straßburg. Von hier führte sie der Weg durchs Elsaß nach Basel.

Der Entschluß, ein einsames Landleben zu führen, stand jetzt bei Kleist noch fest, wie aus seinen Briefen an seine Schwester hervorgeht. Aber es ist anders gekommen, als er dachte. In der Schweiz war er nicht zum Landmanne geworden, wohl aber – zum Dichter. Hier, in der Schweiz, war es, wo er sich zuerst zu selbständigen dichterischen Schöpfungen entschloß, und wo er sie auch wirklich aufs Papier brachte. Die Schweiz war das Geburtsland seiner ersten Tragödie *»Die Familie Schroffenstein«*, und in Bern erhielt er die erste Anregung zu seinem erst später ausgeführten Lustspiel »Der zerbrochene Krug«.

Die Bekanntschaften, welche Kleist in Bern machte, waren ganz geeignet, ihn mit der Poesie näher zu verbinden. Es waren zunächst die Söhne zweier hervorragender Dichter, Ludwig Wieland und der junge Geßner, und durch diese machte er die Bekanntschaft mit Heinrich Zschokke, welcher kurz zuvor als Regierungskommissar nach Bern gekommen war. Wichtig für uns sind die Mitteilungen, welche Zschokke über den Eindruck, welchen Kleist damals auf ihn gemacht, in der »Selbstschau« überliefert hat. Er berichtet darin von den beiden jungen Männern, welche damals ihm den Winter verschönt hatten, indem sie fast einzig für die Kunst des

Schönen, für Poesie, Literatur und schriftstellerische Größe atmeten. Der eine von ihnen war der junge Wieland, der ihm besonders durch seinen Humor gefiel. »Verwandter fühlte ich mich dem andern wegen seines gemütlichen, zuweilen schwärmerischen, träumerischen Wesens, worin sich immerdar der reinste Seelenadel offenbarte. Es war Heinrich von Kleist. Beide gewahrten in mir einen wahren Hyperboräer, der von der neuesten poetischen Schule Deutschlands kein Wort wußte. Goethe hieß ihr Abgott; nach ihm standen Schlegel und Tieck am höchsten, von denen ich bisher kaum mehr als den Namen kannte ... Wir vereinten uns auch, wie Virgils Hirten, zum poetischen Wettkampfe. In meinem Zimmer hing ein französischer Kupferstich: *La cruche cassée.* In den Figuren desselben glaubten wir ein trauriges Liebespärchen, eine keifende Mutter mit einem Majolikakruge und einen großnasigen Richter zu erkennen. Für Wieland sollte die Aufgabe zu einer Satire, für Kleist zu einem Lustspiele, für mich zu einer Erzählung werden.« Wenn Zschokke dann hinzufügt, Kleist habe mit dem »zerbrochenen Krug« den Preis davongetragen, so kann sich dies erst auf die spätere Ausführung beziehen. Daß aber das Trauerspiel, »Die Familie Schroffenstein« in Bern schon geschrieben und vollendet war, wird uns durch Zschokkes Mitteilung dadurch bezeugt, daß der junge Dichter in diesem kleinen Kreise das Stück selbst vorgelesen habe. Bei den Extravaganzen in diesem Trauerspiel (welches ursprünglich in Spanien spielen sollte und »Die Familie Ghonorez« hieß) ist der Wortlaut der Zschokkeschen Erwähnung, namentlich mit Bezug auf den absurden letzten Akt, von Interesse. Zschokke sagt: »Als Kleist eines Tages sein Trauerspiel, die Familie Schroffenstein vorlas, ward im letzten Akte das allseitige Gelächter der Zuhörerschaft wie auch des Dichters so stürmisch und endlos, daß bis zu seiner letzten Mordszene zu gelangen, Unmöglichkeit wurde.«

Zschokke, der damals in seiner dramatischen Jugendsünde »Abällino« auch kein Werk geschaffen hatte, welches man heute mit Ernst anhören könnte, hatte von dem Kleistschen Trauerspiel nur den lächerlichen Eindruck des letzten Aktes im Gedächtnis behalten; denn daß das Stück mit seinen furchtbaren Szenen im übrigen einen starken Eindruck machen mußte, kann kaum zweifelhaft sein, und als eine trotz großer Mängel bedeutsame Erscheinung ist es auch aufgenommen worden, als die *»Familie Schroffenstein«* zuerst anonym 1803 in Bern in Druck erschienen war. Wenn es wahr ist, was Zschokke berichtet, daß der Dichter bei seiner Vorlesung im letzten Akte herzlich mitgelacht habe, so können wir nur das nicht begreifen, daß diese Heiterkeit schon vor der letzten sich in der Tragik überschlagenden Mordszene eingetreten war, denn die Szene zwischen Ottokar und Agnes, da letztere durch ihren Geliebten umgekleidet wird, tritt uns jetzt, bei aller Gewagtheit der Situation, doch als eine poetische Schönheit entgegen, die den echten Dichter erkennen läßt. Doch ist hierbei wohl zu beachten, daß das Stück damals noch nicht die Gestalt hatte, die er ihm später gab. Außerdem aber müssen die jungen Leute sich damals wohl selbst an den Uebertreibungen in der Romantik ergötzt und sie geflissentlich so gesteigert haben, um hinterher selbst darüber zu lachen. Das dramatische Erstlingswerk von Kleist gehört zu der Mehrzahl seiner dramatischen Dichtungen, welchen bei Lebzeiten des Dichters die Bühne verschlossen geblieben war. Aber die »Familie Schroffenstein« hat auch nach seinem Tode, trotz wiederholter damit gemachter Versuche, sich keinen festen Platz auf dem Theater erringen können. Der Dichter selbst hatte das Stück, nachdem es anonym im Drucke erschienen war und vielfach die Aufmerksamkeit auf dies neu auftauchende Talent gelenkt hatte, in einem Briefe an seine Schwester eine »elende Scharteke« genannt. Aber trotz der wahrhaft grausamen Logik, mit der der junge Dichter hier sein Thema durchführte, zeichnen die Schroffensteiner sich doch durch eine so gewaltige dramatische Kraft aus, daß das im letzten Akte erfolgende Umschlagen der Tragik in völlige Absurdität um so mehr zu bedauern ist. Wenn ein Dichter, der eine so furchtbar konsequent gezeichnete Gestalt wie diesen Rupert von Schroffenstein und Liebesszenen wie die zwischen Ottokar und Agnes schaffen konnte, es über sich vermochte, im letzten Akte mit dem doppelten Totstechen aus Mißverständnis und endlich mit dem auf die Bühne geworfenen Kinderfinger, der noch dazu gekocht ist, die Tragik zum Abschluß zu bringen, so sollte man annehmen, daß dies in einer bizarren Laune geschah, daß er nach den so übermäßig hoch gesteigerten tragischen Konflikten selbst keinen Ausgang mehr wußte und mit einer gewissen Selbstironie dem Stücke jenen Abschluß gab, der ohne die daneben stehenden echt dichterischen Schönheiten als eine bewußte Parodie auf die Tragik angesehen werden müßte. Das ist aber bei Kleist nicht anzunehmen, denn ähnliche, wenn auch nicht so starke Ausschweifungen finden wir auch in den meisten seiner spätern und bedeutenderen Schauspiele, wie in »Penthesilea«, in der »Hermannsschlacht« und in »Käthchen von Heilbronn«, und sie belehren uns, daß in dem so großen dramatischen Talente eine kranke Stelle war, die ihn auf derlei Abwege führte.

Daß Kleist selber von seiner »Familie Schroffenstein« wenig hielt, ist zum Teil daraus zu erklären, daß vielleicht die Heiterkeit der Freunde, denen er es vorgelesen hatte, ihn stutzig gemacht, und daß er bald danach den Stoff zu einem andern Drama in seinem Kopfe trug. Es war dies »*Robert Guiskard*«, über welche Dichtung er schon im Dezember 1802 an seine Schwester schrieb: der Anfang des Gedichts erregte die Bewunderung aller Menschen, denen er es mitgeteilt. – »O Jesus! wenn ich es doch vollenden könnte! Diesen einzigen Wunsch soll mir der Himmel erfüllen, und dann mag er tun, was er will.« – Diese Dichtung sollte für einige Zeit die Hoffnung und Freude, aber auch der Schmerz seines Lebens sein. Eben weil ihm etwas Großes, Gewaltiges dabei vorschwebte, konnte ihn die Ausführung nie befriedigen; im folgenden Jahre hatte er in einer bittren Stimmung das Manuskript verbrannt, und es ist uns nur das in der Zeitschrift »Phöbus« 1808 abgedruckte Fragment erhalten geblieben.

Befremdend ist, daß auch das in der Erfindung so einfache Lustspiel »Der zerbrochene Krug«, zu welchem er doch schon in Bern die Idee gefaßt hatte, so lange Zeit brauchte, bis es zur Ausführung kam. Ueberhaupt trat nach den ersten Anfängen seines dichterischen Schaffens eine auffallend lange Pause ein, die uns Zeit läßt, hier wieder auf seinen äußern Lebenslauf zurückzukommen.

Noch ehe Kleist sich zu der ihm angeratenen Umarbeitung der »Schroffensteiner« entschloß, hatte er Bern verlassen und sich nach Thun begeben, wo er sich auf einer Insel der Aar ein kleines Häuschen mietete. Hier konnte er eine Zeitlang das von ihm ersehnte idyllische Leben führen, wenn auch nicht als Ackerbauer so doch als Dichter. Nachdem er die Umarbeitung mit seinem Trauerspiel gemacht und die spanische Familie Ghonorez in die schwäbische Schroffenstein umgewandelt hatte, ging er mit Leidenschaft an den »Robert Guiskard« und beschäftigte sich nebenbei mit dem Entwurf zum »zerbrochenen Krug«. Dabei war es ihm aber schon Bedürfnis, mit seinen Berner Freunden, Geßner und Zschokke, in brieflichem Verkehr zu bleiben. Daß Geßner seine »Schroffensteiner« zu drucken sich entschloß und ihm dafür dreißig Louisdor zahlte, erfüllte ihn schon mit der Zuversicht, daß, wenn sein kleines, schon zusammengeschmolzenes Vermögen verbraucht sei, er von der Schriftstellerei leben könne.

Aber gerade in jener ungestörten Idylle scheint sein inneres Leben ihn um so heftiger gerüttelt zu haben, denn er erkrankte hier, und als er sich wieder nach Bern begeben hatte, lag er dort im Hause eines Arztes schwer danieder. Seine treue Schwester Ulrike, sobald sie von seiner Krankheit unterrichtet worden war, eilte sofort zu ihm und reiste dann, Ende des Jahres 1802, mit dem langsam Genesenden nach Deutschland zurück. Nachdem er kurze Zeit in Jena verweilt, ging er anfangs des Jahres 1803 nach Weimar und begab sich von hier nach Osmannstädt zu Wieland, dessen Sohn, wie wir wissen, er in der Schweiz kennen gelernt hatte, und der ihn mit herzlicher, wahrhaft väterlicher Teilnahme bei sich aufnahm. Dem mehr als zweimonatlichen Aufenthalte Kleists in Osmannstädt verdanken wir einen wichtigen Brief von Wieland, der zwar erst ein Jahr später in Weimar geschrieben ist, aber über den seltsamen seelischen Zustände des jungen Dichters interessante Ausschlüsse gibt. Wieland schrieb über ihn u. a: »Er schien mich wie ein Sohn zu lieben und zu ehren, aber zu einem offenen und vertraulichen Benehmen war er nicht zu bringen. Unter mehreren Sonderlichkeiten, die an ihm auffallen mußten, war eine seltsame Art der Zerstreuung, wenn man mit ihm sprach, so daß z. B. ein einziges Wort eine ganze Reihe von Ideen in seinem Gehirn wie ein Glockenspiel anzuziehen schien, und verursachte, daß er nichts weiter von dem, was man ihm sagte, hörte und also auch mit der Antwort zurückblieb. Eine andere Eigenheit und eine noch fatalere, weil sie zuweilen an Verrücktheit zu grenzen schien, war diese, daß er bei Tische sehr häufig etwas zwischen den Zähnen mit sich selbst murmelte, und dabei das Air eines Menschen hatte, der sich allein glaubt, oder mit seinen Gedanken an einem andern Orte und mit ganz anderm Gegenstande beschäftigt ist. Er mußte mir endlich gestehen, daß er in solchen Augenblicken von Abwesenheit an einem Trauerspiel arbeite, aber ein so hohes und vollkommenes Ideal davon seinem Geiste vorschweben habe, daß es ihm noch immer unmöglich gewesen sei, es zu Papier zu bringen. Er habe zwar schon viele Szenen nach und nach aufgeschrieben, vernichte sie aber immer wieder, weil er sich selbst nichts zu Dank machen könne.« Dies Trauerspiel war der schon erwähnte, ihn unaufhörlich quälende »Robert Guiskard.« Wieland hatte, wie er weiter berichtet, ihn endlich dazu bewogen, ihm einzelne Szenen aus dieser Dichtung vorzutragen (wie Wieland bemerkt »aus dem Gedächtnis«). Wieland urteilte darüber in einer ganz begeisterten Weise und versicherte: Wenn das Ganze jenen einzelnen Szenen entspräche, so wäre Kleist dazu geboren, »die große Lücke in unserer dramatischen Literatur auszufüllen, die, nach meiner Meinung wenigstens, selbst von Schiller und Goethe noch nicht ausgefüllt worden ist.« – Das war nun sicher auch Kleists eigener Wunsch, aber die Vorstellungen, die er von seinen Gebilden im Kopfe trug, waren so mächtig, daß sie ihn erdrückten, sobald er sie zu Papier bringen wollte, und das Ausgeführte blieb dann hinter den Vorstellungen seiner erregten Phantasie zurück. Wenn Wieland bei der »Lücke in unserer dramatischen Literatur«, welche Kleist auszufüllen bestimmt gewesen, an einen deutschen Shakespeare dachte, so können wir allerdings zugeben, daß in einzelnen Gestalten und ganzen Szenen oder Akten Kleist in seinen Dramen das Höchste schuf, was wir im deutschen Drama besitzen. Wäre dem unglücklichen Dichter dabei auch Gesundheit des Geistes und das für vollendete ganze Schöpfungen nötige Gefühl für künstlerisches Maß verliehen gewesen, so hätte die großartige Erwartung Wielands in der Tat sich erfüllen können.

Nachdem Kleist das Wielandsche Haus verlassen hatte, hielt er sich wieder kurze Zeit in Leipzig und Dresden auf. Hier hatte er seinen ihm später so vertraut gewordenen Freund *Pfuel* kennen gelernt, und machte mit diesem ausgezeichneten Manne gemeinschaftlich eine nochmalige Reise nach der Schweiz. Auch dieser Entschluß war ihm ganz plötzlich gekommen, denn noch wenige Tage vorher hatte er die Absicht gehabt, zu seinen Schwestern aufs Land zu ziehen. Auch die neue Schweizer Reise wurde zum großen Teil zu Fuß gemacht. In Thun arbeitete Kleist wieder an seinem unglücklichen Robert Guiskard, dann kamen die Freunde nach Mailand und reisten von hier durch das Waadtland über Genf nach Lyon und nach Paris. Ob die zweite Reise nach Paris auf besonderen Wunsch Pfuels ausgeführt wurde, weiß man nicht, aber des Dichters krankhafte Gemütsstimmung soll schon auf dem Wege dorthin noch stärker und bedenklicher als bisher hervorgetreten sein, und bis Paris sich dermaßen gesteigert haben, daß sich dort die Freunde entzweiten. Nach einem Streit, wie es scheint über eine metaphysische Frage, war Kleist in unsinniger Erregtheit hinweggerannt; und als er nach langem Ausbleiben wieder nach Hause kam, war Pfuel unterdessen ausgezogen und hatte dies in einem hinterlassenen Billett dem Freund mitgeteilt. Hierdurch scheint Kleist wieder in eine Stimmung wahrer Verzweiflung an allem verfallen zu sein, und in dieser Stimmung hatte er alle seine noch unvollendeten dichterischen Produktionen, darunter auch das Vorhandene vom Robert Guiskard, verbrannt.

Aus dieser Zeit erzählte Ed. von Bülow in seiner erwähnten kurzen Lebensgeschichte des Dichters, derselbe habe Paris ohne Paß verlassen und sich zu Fuße auf den Weg nach *Boulogne sur mer* begeben. Dort sei er einem Haufen Konskribierter begegnet und habe sich vergebene Mühe gegeben, für einen derselben als gemeiner Soldat einzutreten. An der Richtigkeit dieser Mitteilung dürfte wohl zu zweifeln sein, wenn man *nicht* annehmen will, daß der Unglückliche geistig gestört war. Zu seinem Glück traf er noch kurz vor Boulogne mit einem ihm bekannten Chirurgen-Major zusammen, auf dessen verwunderte Frage, was er da zu tun habe, er ihm erzählte, daß er ohne Paß herumlaufe. Mit Schrecken machte der Franzose ihn darauf aufmerksam, welcher Gefahr er sich aussetze, da noch unlängst in Boulogne unter ähnlichen Verhältnissen ein preußischer Edelmann als vermeinter russischer Spion erschossen worden sei. Kleist ließ sich von dem Franzosen als dessen Bedienten mit nach der Stadt nehmen, und dort angelangt, bat er den Gesandten Luchesini um einen Paß, den er nach vier Tagen erhielt und welcher direkt nach Potsdam ausgestellt war. Der Paß nötigte ihn also, für jetzt nach Deutschland zurückzukehren.

Aber auf dem Heimwege wurde er in Mainz aufs neue von Krankheit befallen, welche diesmal sein Leben in Gefahr brachte, und von der er erst nach sechs Monaten wiederhergestellt wurde.

Endlich konnte der Wiedergenesene, über dessen Verbleiben alle seine Freunde im unklaren waren, seine Reise bis Potsdam fortsetzen und erschien dort eines Abends unvermutet an dem Bette Pfuels, der Paris voll schwerer Sorgen um ihn längst verlassen hatte.

Jene schwere Krankheit war bei Kleist insofern eine Krisis für sein Seelenleben geworden, als er sich danach als ein von seinen hochfliegenden Plänen Herabgestürzter fühlte; ein zweiter Ikarus lag der Arme mit gelähmten Schwingen am Boden. Sobald seine Anwesenheit in der Heimat bekannt wurde, eilte seine treue Schwester Ulrike herbei, um tröstend und sorgend ihm beizustehen, denn durch seine Briefe, die oft genug von seinen furchtbaren Seelenleiden Zeugnis gaben, war sie in gerechter Besorgnis um ihn, und da sie über seine verzweiflungsvollen dichterischen Bestrebungen stets unterrichtet war, so suchte sie jetzt bei ihm dahin zu wirken, daß er zunächst von seinen poetischen Arbeiten lassen möge; denn sie fühlte, und mit Recht, daß diese es waren, welche ihn körperlich und geistig zu zerstören drohten.

Es ist überaus schmerzlich, zu sehen, wie der Arme, gebrochenen Mutes, sich jetzt willfährig zeigte, nach den Wünschen seiner Schwester zu handeln, und zunächst sich wieder um ein Amt, um eine Anstellung im Staate zu bemühen. Die Sache hatte aber ihre Schwierigkeiten, da man erstens einem Manne, der als »Dichter« schon einigermaßen bekannt geworden war, wenig Vertrauen für den Staatsdienst schenken mochte, noch mehr aber dadurch, daß Kleist den Militärdienst aufgegeben hatte, und zwar ohne einen anderen bestimmten Beruf dafür zu erwählen. Bei der Audienz, die er wegen seines Wunsches einer Anstellung beim Generaladjutanten von Köckeritz in Charlottenburg erhielt, hatte dieser ihm sowohl anzuhören gegeben, daß er »Versche« gemacht habe, wie er ihm auch sein Verlassen der militärischen Karriere und gleichfalls auch des Zivildienstes in ziemlich schroffer Weise vorhielt. Der arme Kleist stand wie ein armer Sünder da, er schrieb Ulriken, daß ihm dabei die Tränen in die Augen getreten seien, aber um ihretwillen zwang er sich zu weiteren Schritten: »Ich weiß, daß Du mir gut bist, und daß Du mein Glück willst, Du *weißt* nur nicht, was mein Glück wäre.« Der alte Köckeritz hatte trotz seiner anfänglichen Rauheit Teilnahme für den Unglücklichen empfunden; wer überhaupt ihn persönlich kannte, der gewann ihn wegen seines zwar träumerischen, aber so höchst gutherzigen Wesens auch lieb. Endlich, nach mancherlei ferneren Bemühungen wurde sein oder richtiger seiner liebevollen Schwester Wunsch erfüllt: er erhielt eine Anstellung im Staatsdienst, und zwar als Diätar bei der Domänenkammer in Königsberg in Preußen, in der Vaterstadt des großen Kant, dessen Philosophie so sehr im Geiste des jungen Kleist revoltiert hatte. Kant war vor kaum einem Jahre gestorben, aber Kleist traf in Königsberg, wo er anfangs des Jahres 1805 eintraf, durch seltsame Fügung mit zwei ihm nahegestandenen Personen wieder zusammen, von denen die eine Begegnung – es war die seines Freundes Pfuel – ihn sehr erfreute, während die andere ihm nur peinlich sein konnte. Als er nach Königsberg durch seinen Heimatsort Frankfurt kam, hatte er eine Begegnung mit seiner ehemaligen Braut Wilhelmine begreiflicherweise vermieden. Dieselbe hatte sich verlobt und war bald darauf mit ihrem Gatten, dem Professor W. Krug, und ihrer Schwester, gleichfalls nach Königsberg übergesiedelt. Noch vor dieser Begegnung, welche erst in die letzte Zeit seines Königsberger Aufenthaltes fiel, hatte Kleist trotz seines Amtes sich doch wieder nach längerer Pause der Poesie in die Arme geworfen. Auf den Stoff zu seiner Erzählung » *Michael Kohlhaas*« hatte ihn Pfuel hingeleitet, welcher dabei jedoch ein Drama im Auge hatte. Die Erzählung von Kleist ist eines seiner am meisten bewunderten Meisterwerke geworden und aus der wahrhaft klassischen Ruhe und Einfachheit seines Vortrags muß man den Eindruck erhalten, daß er in dieser Zeit eine größere Ruhe des Gemütes wiedergefunden hatte. Daß er bei seiner Erzählung von den geschichtlichen Vorgängen mehrfach abgewichen ist, tut dem bedeutenden Eindruck keinen Abbruch. Bedenklicher sind die Einmischungen seiner hyperromantischen Schrullen und namentlich die Zeichnung des edeln Kurfürsten von Sachsen als eines phantastischen, ja an der Grenze der Narrheit stehenden Schwärmers. Aber bei alledem ist es bewundernswürdig, wie Kleist die seine Hauptgestalt betreffenden Vorgänge mit der strengen Objektivität eines Geschichtsschreibers zu erzählen wußte, deren Eindruck gerade dadurch ein um so tieferer wird, da der Dichter dabei von eigener Sentimentalität sich gänzlich frei zu halten wußte. Noch eine andere Erzählung schrieb er in Königsberg, und zwar die neben Kohlhaas bedeutendste » *Die Marquise von O.*« Die Kühnheit, mit welcher er einen so subtilen Stoff ergriff, läßt uns hier den ganzen Kleist erkennen. Aber mehr Bewunderung als diese Kühnheit verdient die unvergleichliche Zartheit der Empfindung, mit der er die mehr als heiklen Situationen zu behandeln verstand, so daß wir das Anstößige bald nicht mehr fühlen und mit gesteigerter Spannung und Bewunderung jedem Schritt des seinen Psychologen folgen, dessen Kunstwerk uns um so mächtiger fesselt, je weniger er es als solches vor uns zu enthüllen scheint. Nächst diesen seinen beiden bedeutendsten Erzählungen verdanken wir dem Königsberger Aufenthalte des Dichters auch noch mehrere dramatische Arbeiten: nächst der Vollendung des »Zerbrochenen Krug« sind es das nach Molière bearbeitete Lustspiel »Amphitryon«, und das wildeste, aber von großartiger Genialität zeugende Trauerspiel »»Penthesilea«.

Was zunächst den » *Zerbrochenen Krug* « betrifft, so wissen wir, daß er dies merkwürdige dramatische Charakterbild, welches in der Gattung der Lustspiele oder Komödien völlig einzig in seiner Art dasteht, mehrere Jahre mit sich herumgetragen hatte, ehe es zur Vollendung kam. In der Schweiz 1802 hatte er, wie wir wissen, durch Zschokke die Anregung dazu erhalten. Als er nach seiner ersten Krankheit wieder in Dresden (1803) sich aufhielt, hatte er einige im Kopfe ausgearbeitete Szenen des Lustspiels seinem Freunde Pfuel in die Feder diktiert, weil dieser Zweifel an Kleists Talent fürs Lustspiel geäußert hatte; und wieder erst nahezu drei Jahre später hatte er es vollendet. Diese Art, zu arbeiten, konnte nur bei einem Stücke von dieser ganz eigenartigen Form ein Gelingen denkbar machen. Ein Lustspiel im gebräuchlichen Sinne ist es denn auch ganz und gar nicht geworden; es ist ein humoristisches Charakterbild, das in nur einer einzigen Szene entwickelt wird, welche Szene aber von der gewöhnlichen Länge eines dreiaktigen Stückes ist. Eine vor unsern Augen fortschreitende Handlung hat das Lustspiel gar nicht; denn, was geschehen ist, liegt schon in der Vergangenheit. Aber um so erstaunlicher ist die Kunst des Dichters, wie er das Geschehene ganz allmählich zur Klarheit bringt, und dabei die Charaktere der Personen aus der Art, wie der Prozeß geführt wird und endlich verläuft, vollkommen lebenswahr entwickelt. Was die Hauptfigur, den Dorfrichter Adam, betrifft, so kann man sagen, daß der Dichter diesen Schurken, der bei aller seiner Nichtswürdigkeit so ergötzlich wirkt, bei lebendigem Leibe seziert hat. Wie alle dramatischen Werke Kleists, so hatte auch dies Lustspiel sein besonderes Schicksal. Goethe, dem es durch die Freunde Kleists dringend empfohlen war, ließ es ein paar Jahre später in Weimar aufführen. Weil ihm aber das Stück für einen Akt viel zu lang erschien, so ließ er sich den unerhörten Mißgriff zu schulden kommen, es in drei Akte zu teilen, wodurch natürlich erst der Mangel einer eigentlichen Handlung aufs allerempfindlichste hervortrat. In solcher grausamen Verstümmelung fiel denn auch das Stück vollständig durch, und in den schöngeistigen Weimarischen Kreisen war alles empört über dies greuliche und unerträglich langweilige Machwerk.

Durchaus originell war Kleist auch da, wo er nach einem Vorbild arbeitete, wie dies in dem andern seiner beiden Lustspiele, in » *Amphitryon*«, der Fall war. Hier hatte er den Geist Molières in sich aufgenommen, aber dabei den Stoff, der ja ohnedies nicht Molières Erfindung war, durch seine eigene dichterische Auffassung bedeutend vertieft. Wie Kleists »Amphitryon« in seinem innersten Wesen sich zu der Molièreschen Komödie verhält, dies hat einer der geistvollsten kritischen Köpfe jener Zeit, Fr. von Gentz, in so bestimmter Weise ausgedrückt, daß seine ausgesprochene Meinung hier Platz finden mag. Er hatte das Lustspiel von dem für Kleists Genie schwärmerisch eingenommenen Adam Müller zugeschickt erhalten, und antwortete demselben, daß ihm das Lustspiel die einzigen rein angenehmen Stunden verschafft habe, die er seit mehreren Jahren irgend einem Produkte der deutschen Literatur verdankte: »Mit uneingeschränkter Befriedigung, mit unbedingter Bewunderung habe ich es gelesen, wieder gelesen, mit Molière verglichen, und dann aufs neue in seiner ganzen herrlichen Originalität genossen. Selbst da, wo die Stück *nur* Nachbildung ist, steigt es zu einer Vollkommenheit, die, nach meinem Gefühl, weder Bürger noch Schiller noch Goethe noch Schlegel in ihren Uebersetzungen französischer und englischer Theaterwerke jemals erreichten. Denn zugleich *so Molière* und *so* deutsch zu sein, ist wirklich etwas Wundervolles. Was soll ich aber nun von den Teilen des Gedichtes sagen, wo Kleist hoch über Molière thront! …In Molière ist das Stück bei allen seinen einzelnen Schönheiten und dem großen Interesse der Fabel am Ende doch nichts als eine Posse. Hier aber verklärt er sich in ein wirkliches Shakespearesches Lustspiel und wird komisch und erhaben zugleich. Es war gewiß keine gemeine Aufgabe, den Gott der Götter in einer so mißlichen und zweideutigen Lage, wie er hier erscheint, immer noch groß und majestätisch zu halten; nur ein außerordentliches Genie konnte diese Aufgabe mit solchem Erfolg lösen.«

Es muß hier ausdrücklich daran erinnert werden, daß, ebenso wie die in Weimar mißglückte Aufführung des »zerbrochenen Krug« auch die enthusiastischen literarischen Urteile über Kleists Genie erst in späterer Zeit, nach seinem Königsberger Aufenthalt, fallen, aber die Urteile waren auch damals sehr verschieden, so wie es die sich entgegenstehenden literarischen Richtungen waren. Nicht nur Goethe verwarf Kleists Auffassung des Amphitryon, sondern auch Tieck, der eifrige Anwalt des Kleistschen Talents, betrachtete das Stück als einen Mißgriff und stellte Molières Lustspiel entschieden höher. Es lag in der Art der Kleistschen entschiedenen Originalität, daß er gleichzeitig bei den einen maßlose Bewunderung und bei den andern entschiedene Mißbilligung, ja Entrüstung hervorrief.

Während seiner Königsberger Zeit hatte er weder das eine noch das andere erfahren; hier – und gerade hier, wo er im Amte war! – hatte er sich zum ruhigen poetischen Schaffen sammeln können, und nicht nur seine Lust am Produzieren, sondern auch seine Kraft dazu war hier in ganz bedeutender und fruchtbringender Weise gewachsen. Auch das anfangs ihn in große Verlegenheit setzende Zusammentreffen mit seiner ehemaligen und jetzt verheirateten Braut hatte sehr bald zu einem freundlichen Verkehr geführt. Wilhelminens Mann, welcher an die Universität als Professor der Logik und Metaphysik berufen war, hatte ihn freundlichst eingeladen, sie zu besuchen, und er verkehrte infolgedessen in dem Hause ganz freundschaftlich und hatte ein besonderes Vergnügen daran, dort seine in Königsberg geschriebenen neuen Erzählungen vorzulesen. Seine amtliche Tätigkeit war ihm hingegen bald recht lästig geworden, und er vermochte es nicht, zu seinem Vorgesetzten sich in ein freundliches Verhältnis zu bringen. Als 1806 das Unglück über Preußen hereingebrochen war, wurde er aufs tiefste davon ergriffen, und sein Haß gegen die fremden Bedrücker des Landes entwickelte sich zu einer ihn ganz beherrschenden Leidenschaft. Ueber seine Stimmung berichtet Bülow, wohl auf Grund der ihm von Wilhelmine gemachten Mitteilungen: Kleist sei öfters ganz außer sich gewesen und habe alle Schrecken, die noch kommen sollten, mit Gewißheit vorausgesehen. Auch seine Gesundheit sei wieder sehr angegriffen gewesen und er habe oft ganze Tage lang sich vor keinem Menschen sehen lassen. Trotzdem kann man im allgemeinen seine Stimmung als eine durchaus normale bezeichnen, und aus einem sehr denkwürdigen Brief an seinen Freund von Rühle geht hervor, um wie vieles ruhiger er auch jetzt über seinen dichterischen Beruf dachte. Nach einigen bitteren Betrachtungen über die Eitelkeit alles Strebens auf dieser Erde fährt er fort: »Nun wieder zurück zum Leben! So lange das dauert, werde ich jetzt Trauerspiele und Lustspiele machen. Ich habe eben wieder gestern eins fortgeschickt, wovon Du die erste Szene schon in Dresden gesehn hast. Es ist der »Zerbrochene Krug«. Sage mir dreist, als mein Freund, Deine Meinung und fürchte nichts von meiner Eitelkeit. Meine Vorstellung von meiner Fähigkeit ist nur noch der Schatten von jener ehemaligen in Dresden. Die Wahrheit ist, daß ich das, was ich mir vorstelle, schön finde, nicht das, was ich leiste. Wäre ich zu etwas anderm brauchbar, so würde ich es von Herzen gern ergreifen. Ich dichte bloß, weil ich es nicht lassen kann.« Und aus demselben Briefe erfahren wir denn auch, daß er seine Karriere wieder aufgegeben hat. Etwas dunkel schreibt er darüber: »Altenstein, der nicht weiß, wie das zusammenhängt, hat mir zwar Urlaub angeboten, und ich habe ihn angenommen; jedoch bloß, um mich sanfter aus der Affäre zu ziehen.« In der Tat hatte er jetzt die Idee, ganz von seinen dramatischen Arbeiten zu leben. Er meinte, in drei bis vier Monaten könne er immer ein Stück schreiben, und wenn er nur 40 Friedrichsdor dafür erhielte, so könne er davon leben. In dieser Hoffnung sollte der arme Kleist bald recht bitter enttäuscht werden; aber vorläufig war er, wie man sieht, leidlich guten Mutes, und das Gefühl der Freiheit, nachdem er aus dem Amte wieder geschieden war, bereitete ihm angenehme Träume.

In dieser Stimmung wurde er durch die wachsenden Erfolge der Franzosen noch stärker zu männlichem Bewußtsein aufgerüttelt. Für einen andern als Kleist hätte diese Zeit zu einer dauernd wohltätigen Krisis führen müssen. Die allgemeine Not hatte ihn aufgerüttelt aus den Träumereien, in die er um sein eigenes Ich sich versenkt hatte und die ihn quälten. Jetzt konnte er diese Selbstpeinigungen vergessen um der allgemeinen großen Sache willen, die er mit seinem warmen Herzen aufs tiefste empfand. Wie klar, wie scharfblickend er die politische Lage beurteilte, erkennen wir aus einem Briefe, den er schon Ende 1805 an Rühle geschrieben hatte. Entrüstet über die Untätigkeit Preußens gegenüber der unaufhaltsam andringenden Gefahr, schrieb er ihm: »So wie die Dinge stehen, kann man kaum auf viel mehr, als auf einen schönen Untergang rechnen,« – ein Gedanke, den er später in seiner »Hermannsschlacht« gleichfalls dichterisch aussprach, und nachdem er über die preußische Zauderpolitik und selbst über die Person des Königs in den schärfsten Worten sich ausgesprochen, fährt er fort: »Wenn der König alle seine goldenen und silbernen Geschirre prägen lassen, seine Kammerherren und Pferde abgeschafft hätte, seine ganze Familie ihm darin gefolgt wäre, und er, nach diesem Beispiel, gefragt hätte, was die Nation zu tun willens sei! Ich weiß nicht, wie gut oder schlecht es ihm jetzt von seinen silbernen Tellern schmecken mag; aber dem Kaiser in Olmütz, bin ich gewiß, schmeckt es schlecht. Was ist dabei zu tun? Die Zeit scheint eine neue Ordnung der Dinge herbeiführen zu wollen, und wir werden davon nichts als den Untergang des Alten erleben« ... usw.

Um diese Zeit, im Dezember 1805, war es, da Kleist, durch Vermittelung einer hochgestellten Verwandten, von der Königin Luise eine jährliche Unterstützung von 60 Louisdor zugesichert erhielt, die natürlich seinen Mut zum Leben, aber auch seine Lust zum Dichten wieder bedeutend hob. Mit diesem Jahrgehalt konnte er, da er dabei noch auf die aus seinen Dichtungen ihm erwachsenden Einnahmen rechnete, seine ihn drückende amtliche Stellung aufgeben, ohne Gefahr, in Not zu geraten. Und dieser Schritt geschah denn im Frühjahr 1806, noch ehe der Krieg Preußens mit Frankreich begann. Wohl mußte er sich sagen, daß er durch das Aufgeben seines Amtes seiner geliebten Schwester wieder Kummer bereiten werde, aber seine dichterischen Arbeiten gingen jetzt viel glücklicher von statten, und er fühlte jetzt mit aller Zuversicht, daß nichts anderes, als der Beruf des Dichters ihn glücklich machen könne. Zu seinen erwähnten Erzählungen und den beiden Lustspielen kam nun auch wieder eine Tragödie aus seiner Feder, und gerade an dieser empfindet man die Leidenschaft, mit der er wieder der tragischen Muse in die Arme geeilt war. Diese Tragödie war die schon erwähnte »*Penthesilea,*« die er zum großen Teil noch in Königsberg schrieb. Wenn man bedenkt, daß er in dieser Zeit schon tief erregt war von der so unheilvollen politischen Situation, so ist es um so auffallender, daß in solcher Stimmung ein so weit abseits von den Stimmungen der Gegenwart liegender Stoff sich seiner mit solcher Heftigkeit bemächtigen konnte. Daß aber Kleist auch bei einem so entlegenen Stoff, wie der Kampf der griechischen Helden mit der Amazonenkönigin, sein ganz subjektives Empfinden so voll und ganz zum Ausdruck bringen konnte, das unterschied ihn sehr wesentlich von jenen Romantikern, die sich in eine unbekannte Welt voll unverständlicher Gefühle und Anschauungen hineinkünstelten. Aber gerade »Penthesilea«, so ausschweifend hier die dichterische Phantasie waltet, und so schroff und rücksichtslos er, der doch bei seinen dramatischen Dichtungen auf das wirkliche Theater hoffte, darin sowohl dem Inhalte wie der Form nach, die theatralischen Anforderungen mißachtete, läßt doch neben den tollsten Uebertreibungen eine echte und glühende Dichternatur erkennen, obgleich wir mehr, als irgendwo bei Kleist, beim Lesen der »Penthesilea« zwischen Unwillen und höchster Bewunderung hin und her geworfen werden. Wenn in bezug auf die theatralische Form, welche durch die Rücksicht auf eine Bühnen-Aufführung bedingt wird, Penthesilea gegen sein erstes Trauerspiel zurücksteht, so zeigt er dafür in dem neuern Werke hinsichtlich der dichterischen Vertiefung der Gestalten, wie auch in dem hinreißend poetischen Glanz der Darstellung einen bedeutenden Fortschritt. Abgesehen von den in allen seinen Dichtungen vorkommenden sprachlichen Inkorrektheiten oder Sonderbarkeiten finden wir aber auch hier schon seine unglückselige Neigung, in der Durchführung eines psychologischen Problems weit über die Notwendigkeit hinauszugehen, in erschreckender Weise zum Ausdruck gebracht.

Vollenden konnte er in Königsberg diese Dichtung noch nicht. Denn die unglücklichen Kriegsereignisse hatten ihm keine Ruhe mehr gelassen, an dem Orte länger zu verweilen. Schon nach der Schlacht bei Jena hatte ihn ernste Sorge um die Seinigen, und namentlich um seine Schwester erfüllt. Da er sie durch sein nochmaliges Aufgeben seiner amtlichen Stellung begreiflicherweise sehr betrübt und verstimmt hatte, so empfand er jetzt, in der allgemeinen großen Not des Landes, um so stärker den Drang, sie wieder an sein brüderliches Herz zu schließen. Die treffliche Schwester zögerte niemals, ihm wieder in herzlicher Liebe entgegenzukommen, und da sie ihm in diesem Sinne geschrieben hatte, so fühlte er sich sehr gehoben, frei und beinahe glücklich. Selbst die großen unglücklichen Ereignisse trugen zu dieser Stimmung bei, und er schrieb selbst darüber an seine Schwester sehr treffend: Es schiene ihm, als ob das allgemeine Unglück die Menschen erzöge, »ich finde sie wärmer und ihre Ansicht von der Welt großherziger.«

Bestimmte und klare Ziele hatte er sicher nicht vor Augen, als er im Januar 1807 Königsberg verließ, und zwar in Gesellschaft von Pfuel und zwei andern Offizieren. Aber das launische Schicksal wies ihm plötzlich einen Weg an, der ihm am allerwenigsten in den Sinn gekommen wäre: den Weg nach Frankreich, als Gefangener. Als er mit den andern bis Berlin gekommen war, und nachdem Pfuel, der sich nach dem Landsitze Fouqués begeben wollte, sich von ihnen getrennt hatte, wurden Kleist und die beiden Offiziere beim Betreten der preußischen Hauptstadt angehalten und verhaftet, um nach Kriegsrecht behandelt zu werden. Da Kleist zu seiner Legitimation nur seinen Abschied als Leutnant vorzeigen konnte, so sollte er für einen Spion gelten oder überhaupt für einen gefährlichen Menschen, und es wurde gegen ihn und gegen die beiden aktiven Offiziere gemeinsam verfahren. Nachdem sie die erste Zeit in einem elenden unterirdischen Gefängnis zugebracht hatten, wurden sie, trotz aller Versicherungen ihrer Schuldlosigkeit und ihrer Berufungen auf andere namhafte Persönlichkeiten, auf den Schub gebracht, um nach Frankreich transportiert zu werden. Sie sollten darin später noch eine ganz besondere Rücksicht erkennen, indem sie nicht sogleich erschossen worden sind. Ihr Transport ging über Mainz nach Straßburg und Besançon, und auf der Straße zwischen Neufschatel und Paris wurden sie nach dem Schlosse Joux bei Pontarlier gebracht, wo sie am 5. März als Kriegsgefangene eintrafen. Hier wurden sie anfangs überaus streng und hart behandelt, indem sie jede nur denkbar geringste Bequemlichkeit entbehren mußten. Bald aber hatte der Kommandant, auf den sie wohl in der Tat einen unverdächtigen Eindruck machten, beim Gouverneur von Besançon ausgewirkt, daß sie wenigstens in anständigere Räume gebracht wurden. »Jetzt konnten wir«, schrieb Kleist an seine Schwester, »auf unser Ehrenwort auf den Wällen spazieren gehen; das Wetter war schön, die Umgegend umher romantisch, und da meine Freunde mir für den Augenblick aus der Not halfen, und mein Zimmer mir auch Bequemlichkeiten genug zum Arbeiten bot, so war ich auch schon wieder vergnügt und über meine Lage ziemlich getröstet. Inzwischen hatten die Gefangenen bereits nach ihrer Ankunft sich in einer Beschwerdeschrift an den französischen Kriegsminister gewendet, und nach einiger Zeit kam der Befehl, daß sie aus dem Fort entlassen und nach Chalon an der Marne gebracht werden sollten. Auf welchen Verdacht hin eigentlich der Transport nach Frankreich geschehn war, ist unklar geblieben, und es hat sich später nur herausgestellt, daß dabei wirklich ein Mißverständnis gewaltet hatte.

Kleists Schwester Ulrike hatte, sobald sie von dem Unglück und von der großen Gefahr ihres Bruders gehört hatte, alle nur möglichen Schritte getan, um unter Beteuerung seiner Unschuld seine Befreiung zu bewirken. In Gemeinschaft mit der schon erwähnten hochstehenden Verwandten, einer Frau von Kleist, begab sie sich zum Gouverneur von Berlin, und mit der Kraft ihrer Ueberzeugung und ihrer schwesterlichen Liebe hatte sie demselben begreiflich zu machen gesucht, welches Unrecht ihrem Bruder geschehen sei. Der Gouverneur muß denn auch überzeugt gewesen sein, obwohl er meinte, Kleist habe durch seine Reise von Königsberg nach Berlin sich selber der Gefahr ausgesetzt, als Spion betrachtet zu werden. Doch wurde Ulriken der Trost, daß der Gouverneur bereits an den Kriegsminister geschrieben und ihn ersucht habe, dem Gefangenen die freie Heimkehr zu gestatten.

Kleist hatte davon bereits durch seine Schwester erfahren, aber um so ungeduldiger machte ihn das lange Zögern, und an eine günstige Veränderung seiner Lage war für lange noch nicht zu denken, denn die Verhandlungen darüber zwischen Berlin und Chalons schienen noch einige Zeit hin und her zu gehen, während Ulrike in Berlin unermüdlich war, auf eine Beschleunigung seiner Befreiung hinzuwirken. Mehr als fünf Monate waren seit seiner Gefangenschaft vergangen, als endlich, um die Mitte Juli, die Stunde der Befreiung schlug, und er, mit der ihm zukommenden Reiseentschädigung versehen, den Rückweg nach Berlin antrat. Hier angelangt, reiste er nach kurzem Aufenthalt nach der Lausitz, um seine Schwester zu umarmen, die sich dort bei Verwandten aufhielt.

Kleist gehörte zu jenen Menschen, denen nicht Muße und Einsamkeit gelassen werden durfte, um sich in sich selbst versenken zu können; er mußte vielmehr zuweilen den Drang des alltäglichen äußerlichen Lebens in seinen wechselnden Ereignissen und in jenem Kampfe kennen lernen, der auch den gewöhnlichsten Naturen nicht erspart wird. Solch ein Schicksal, wie er es jetzt erfahren, konnte daher nur günstig auf seinen Gemütszustand wirken, denn es stieß ihn in die rauhe Wirklichkeit und machte ihn zum Mitleidenden neben vielen andern. Sein Geist scheint auch hiernach für einige Zeit frei von der alten Schwermut und selbstpeinigenden Grübelei gewesen zu sein, und seine Erwartungen von seiner nächsten dichterischen Tätigkeit waren wieder gewachsen. Eine Sorge hatte ihn jetzt um seine Schwester erfüllt, welche ihm zu wiederholten Malen in freigebigster Weise aus ihren eigenen Geldmitteln geholfen hatte und auch in dieser letzten Zeit vieles für ihn opfern mußte. Schon in seiner Gefangenschaft hatte er darüber nachgedacht und hatte ihr aus Chalons über diese Angelegenheit geschrieben und ihr seine Ideen mitgeteilt. Er fühlte, daß sie schon genug und für ihre Kräfte schon zu viel für ihn getan hatte und empfand darüber Beschämung. Mit der Entfernung der königlichen Familie von der Hauptstadt mußte natürlich auch das von der Königin Luise ihm zugesicherte Jahreseinkommen aufhören. Aber durch seine Verwandte, Frau von Kleist, war ihm die Hoffnung gemacht, daß nach dem Friedensabschluß die Pension wieder ihren Fortgang nehmen und zu größerer Sicherheit für ihn in eine Präbende umgewandelt werden würde. Darauf baute er nun den Plan für seine Schwester. Er schreibt ihr mit Schmerz über ihre durch ihn verschuldete Lage und fährt dann fort: »Ich kann in keiner Lage glücklich sein, so lange ich es Dich nichts in der Deinigen weiß. Ohne mich würdest Du unabhängig sein, und so mußt Du es auch wieder durch mich werden. Wenn ich mit Aeußerungen dieser Art immer sparsam gewesen bin, so hatte das einen doppelten Grund: einmal, weil es mir zukam, zu glauben, daß Du solche Gefühle bei mir voraussetzest, und dann, weil ich dem Nebel nicht abhelfen konnte. Doch jetzt, dünkt mich, zeigt sich ein Mittel, ihm abzuhelfen, und wenn du nicht willst, daß ich mich schämen soll, unaufhörlich von Dir angenommen zu haben, so mußt Du auch jetzt etwas von mir annehmen. Ich will Dir die Pension und das, was in der Folge an ihre Stelle treten könnte, es sei nun eine Präbende oder etwas anderes, abtreten. Es muß mit dem Rest Deines Vermögens für ein Mädchen, wie Du bist, hinreichen, einen kleinen Haushalt zu bestreiten. Laß Dich damit, unabhängig von mir, nieder; wo? gleichviel; ich weiß doch, daß wir uns über den Ort vereinigen weiden. Ich will mich mit dem, was ich durch meine Kunst erwerbe, bei Dir in Kost geben. Ich kann Dir darüber keine Berechnung anstellen; ich versichere Dich aber, und Du wirst die Erfahrung machen, daß es mich, wenn nur erst der Frieden hergestellt ist, völlig ernährt.«

Man kann wohl nach allem Vorausgegangenen denken, daß solche Erwartungen Kleists mit Bezug auf seine Schwester sich nicht erfüllen konnten. Die Arme hatte mit ihm schon zu schmerzliche Erfahrungen gemacht, als daß sie hätte hoffen können, er werde in einem solchen Verhältnis, im Beisammenleben unter ihrer Fürsorge, lange ausdauern. Als er sie in der Lausitz bei ihren Verwandten glücklich wieder angetroffen hatte, konnte er sie wohl bewegen, mit ihm zusammen die Reise nach Dresden zu machen, – denn dorthin zog es ihn zunächst. Aber bei all ihrer zärtlichen Liebe zu ihm und bei ihrem aufopfernden Sinne konnte sie sich doch nicht bewegen lassen, auf seinen früher ihr schriftlich mitgeteilten und jetzt wiederholten Vorschlag einzugehen. So also trennten sie sich von neuem, und Kleist blieb in Dresden. Hier fand er sich vor allem wieder mit seinen beiden besten Freunden, Pfuel und Rühle, zusammen, und hier meinte er nun auch, den Boden gefunden zu haben, wo sein Geist sich wieder sammeln und zu fruchtbarer dichterischer Tätigkeit kommen werde.

Seitdem die Schweizer Freunde sein größeres Erstlingswerk »Die Familie Schroffenstein« anonym herausgegeben hatten s1803), war nach länger als vier Zähren Dresden die erste deutsche Stadt, in welcher eines seiner dramatischen Werke durch den Druck veröffentlicht worden. Es war dies »Amphitryon«, den er schon von Königsberg aus an Adam Müller nach Dresden geschickt hatte, wo das Lustspiel 1807 im Druck erschienen war. Seine nächste Tätigkeit in Dresden galt der Vollendung der in Königsberg nur zum Teil ausgeführten Dichtungen, namentlich der Erzählung »Kohlhaas« und der Tragödie »Penthesilea«, an der er auch in seiner Gefangenschaft gearbeitet hatte. Ehe auch diese Dichtung« vollständig im Druck erschienen war, hatte er ein bedeutendes Fragment davon in der seit Anfang des Jahres 1808 erscheinenden Monatsschrift »Phöbus« sein ersten Stück veröffentlicht. Er hatte zur Herausgabe dieser literarischen Zeitschrift sich mit dem Publizisten Adam Müller vereinigt, der darin für seine politische, philosophisch-religiöse und Kunstrichtung ein Organ schaffen wollte, und für die geniale Kraft des romantischen Dichters Kleist wahre Begeisterung hatte. Kleist hatte das Heft des »Phöbus« mit dem Penthesilea. Fragment an Goethe gesendet, erhielt aber von diesem eine wenig ermunternde Antwort. Er könne sich, schrieb Goethe, mit der Penthesilea noch nicht befreunden. »Sie ist aus einem so wunderbaren Geschlecht und bewegt sich in einer so fremden Region, daß ich mir Zeit nehmen muß, mich in beide zu finden.« Daß Goethes harmonische Natur von der Kleistschen Poesie sich geradezu abgestoßen fühlte, ist bekannt. Aber auch als Mann des praktischen Theaters gibt er in jenem Briefe Kleist seine Meinung kund: daß es ihn immer betrübe und bekümmere, wenn er junge Männer von Geist sehe, »die auf ein Theater warten, das da kommen soll.«

Während aber »Penthesilea« nun auch vollendet als Buch im Druck erschien, hatte der Dichter auch schon ein paar neue Erzählungen verfaßt: *»Das Erdbeben in Chili«* und *»Die Verlobung auf St. Domingo«*, von denen besonders die erstere seine außerordentliche Befähigung für schmucklosen und dabei höchst ergreifenden Vortrag bekundet, während in der andern Erzählung die kühne Erfindung und das Tragische des Vorganges in der Wirkung beeinträchtigt wird durch eine gewisse Flüchtigkeit im Vortrag und die in Folge dessen eintretende Unklarheit im Zusammenhang der Begebenheiten. Auch an seinen »Robert Guiskard« machte er sich jetzt aufs neue, um endlich das darin versuchte dramatische Ideal, das ihn schon so lange gequält, zu erreichen.

E. von Bülow erzählt uns aus dieser Zeit des Dresdener Aufenthaltes auch von einer neuen Herzensangelegenheit, die ihn beschäftigt haben soll. Es war in dem Körnerschen Hause, wo Kleist ein liebenswürdiges und dabei reiches Mädchen kennen lernte, mit welchem ihn eine gegenseitige Neigung verband. Einer Verbindung schien nichts im Wege zu stehen, aber durch eine Laune Kleists soll sich das Verhältnis wieder gelöst haben. Kleist verlangte von dem Mädchen, daß sie ohne Vorwissen Gottfried Körners, der entweder ihr Oheim oder ihr Vormund war, ihm schreiben solle. Da sie dies abschlug, wiederholte er nach drei Tagen, in denen er sie nicht besuchte, sein Verlangen; da sie aber auch jetzt noch bei ihrer Weigerung verharrte, sei er schließlich gänzlich ausgeblieben. Es möge dahingestellt bleiben, ob es richtig ist, was Bülow ferner erzählt, daß Kleist nach jenem Bruche sich des Stoffes zum »Käthchen von Heilbronn« vor allem deshalb bemächtigt habe, um darin seiner zurückhaltenden Geliebten ein Beispiel zu zeigen, mit welcher Hingebung und Treue ein Weib lieben müsse.

Kleist hatte hiernach wieder einen Anfall von Schwermut und soll im Lebensüberdruß einen Selbstmordversuch gemacht haben. Sein Freund Rühle, der ihn besuchte, habe ihn, so heißt es, auf dem Bette liegend gefunden und, infolge des Genusses von Opium, der Besinnung beraubt. Wir können an die Wahrheit dieses Berichtes umso eher glauben, als Kleists Lebensmut in dieser Zeit auch wieder durch den schlechten Fortgang der Zeitschrift »Phöbus« tief gesunken gewesen sein muß. Hatte er doch auf dieses Unternehmen so sehr gerechnet, daß er für die

Gründung desselben auch wieder seine Schwester zu interessieren versuchte, damit sie sich mit einer Summe Geldes daran beteilige. Der geringe Erfolg des »Phöbus«, der nur ein Jahr lang, Ende 1808, erschien, zerstörte auch diese Hoffnung wieder. Kurz, das Jahr, das so hoffnungsvoll begonnen hatte, brachte ihm Enttäuschungen genug, um auf seinen Gemütszustand wieder verderblich zu wirken. Schon frühzeitig, im März, war die üble Kunde aus Weimar gekommen von der total mißglückten Aufführung des »Zerbrochenen Krug«. Man denke! bei einem so gewaltig hochstrebenden Dichter wie Kleist nach langem Hoffen und Mühen die erste Aufführung eines seiner Stücke, und ein so schmähliches Fiasko! Die Ursachen davon sind schon früher angedeutet worden, und es ist zweifellos, daß Goethe die Hauptschuld trug. Aber in den weimarischen Kreisen« wurde alle Mißbilligung und aller Hohn gegen den armen Kleist gerichtet, und die Exzentrizitäten in der schon durch den Druck bekannt gewordenen *Penthesilea« konnten gerade in Weimar, wo die Verletzungen der ästhetischen Gesetze am allerschlimmsten empfunden wurden, die schöngeistige Gesellschaft in dem Gesamturteil über Kleist nur bestärken. In Weimar war der unglückliche Dichter verurteilt, und daß er jetzt seinen Unmut gegen Goethe ausließ, kann nicht befremden, wenn man bedenkt, daß der widersinnigen Behandlung des »Zerbrochenen Krug« schon Goethes unzweideutige Verurteilung der »Penthesilea«, in seinem Schreiben an den Dichter, vorausgegangen war. Ob Kleist ihm wirklich, wie berichtet wurde, eine Herausforderung zugeschickt habe, mag dahingestellt bleiben, aber bei seiner Natur ist es wenigstens nicht unwahrscheinlich. Daß er ganz außerordentlich erbittert war, geht schon daraus hervor, daß er sich hinreißen ließ, jetzt im »Phöbus« Epigramme zu veröffentlichen, von denen einige gegen Goethe direkt gerichtet waren, andere scheinbar Kleists eigene Dichtungen parodierten, um damit das Urteil der Weimarer lächerlich zu machen. Wie maßlos bei Kleist die Ausbrüche seiner gereizten Dichtereitelkeit waren, hatte er auch noch später in einem Briefe an Iffland gezeigt, als dieser sich nicht dazu verstehen wollte, das »Käthchen von Heilbronn« in Berlin aufzuführen. Ueber seine damalige Stimmung in Dresden erzählte Frau von Rühle: Sie sei einmal mit Kleist auf der Brühlschen Terrasse schweigend auf und nieder gegangen, als Kleist plötzlich in die Worte ausbrach: »Ja, ja, es ist nicht anders, Müller muß sterben, ich muß ihn ins Wasser werfen, wenn er mir nicht freiwillig seine Frau abtritt!« – Die Freundin, die gar keine Ahnung von einer Leidenschaft Kleists zu der Frau Adam Müllers hatte, fuhr erschrocken auf und befragte ihn, was er meine, worauf Kleist die Worte in allem Ernst wiederholte und sich auch durch keine Einwendungen davon abbringen ließ. – Die Leidenschaft mag gar nicht vorhanden gewesen sein, aber er hatte das Ungeheuer in seinem Gehirn ausgebrütet und gefiel sich momentan darin.

Trotz seiner bedenklichen Gemütsverfassung, in die er wieder durch mehrfaches Mißgeschick geraten war, zeigte er gerade in diesem Jahre – 1808 – eine außerordentliche dichterische Schaffenskraft. Im Phöbus erschien außer dem Fragment seines wieder neu aufgenommenen »Robert Guiskard« noch die merkwürdige Erzählung »Die Marquise von O.«, ferner sein vollendeter »Michael Kohlhaas« und endlich auch ein Fragment seiner neuesten dramatischen Schöpfung, des *»Käthchen von Heilbronn«*, jenes Schauspiels, welchem es allein beschieden war, ihn als Dichter populär zu machen, wenn freilich auch dies erst später, nach seinem Tode, durch eine rücksichtslose Bühnenbearbeitung geschah. Und noch ehe er dies Schauspiel in Dresden vollendet hatte, begann er ein anderes Drama, welches – obwohl er einen fernliegenden Stoff dafür gewählt hatte, doch ganz und gar in der Gegenwart wurzelte, und ein Erzeugnis seines patriotischen Herzens wie nicht minder seines politischen Verstandes war und ungewöhnlich schnell vollendet wurde. Das war »Die Hermannsschlacht«.

Ehe wir auf dieses außerordentliche Werk näher eingehen, soll hier noch einiges über sein im stärksten Sinne *romantisches* Schauspiel gesagt sein. Wir wissen, daß Kleist in seinen Beziehungen zum weiblichen Geschlecht niemals ein reines Glück empfand. Seine Beziehungen zu seiner ehemaligen Braut sind für diese Seite seines Wesens lehrreich. Trotz seiner im allgemeinen durchaus liebevollen Natur hatte er selbst ihre Liebe wiederholt auf die härteste Probe gestellt. Wenn schon für eine wirkliche tiefe Leidenschaft in allen seinen Briefen viel zu sehr der pädagogische Zug hervortritt, indem er immerfort nur bestrebt war, für ihre weitere »Bildung« etwas zu tun, so ließ auch die Auflösung des Verhältnisses erkennen, wie kühl er darüber empfand und daß ihn eine wirkliche tiefe Leidenschaft dabei niemals erfüllt hatte. Aber auch zu der ruhigeren Auffassung eines auf gegenseitiger Neigung und auf gleichberechtigtem Vertrauen beruhenden Verhältnisses konnte er sich nicht verstehen, weil er stets das Weib als den minder berechtigten Teil des Bündnisses betrachtete und er seiner Braut gegenüber die Stelle eines Despoten spielte, der zwar geliebt sein wollte, aber auch unbedingte Unterwerfung forderte. Aehnliche herrische Launen scheinen auch das zweite und schneller vorübergehende Verhältnis in Dresden gestört zu haben. Daß es dieser Bruch gewesen sei, der ihn zu einem Selbstmordversuch führte, ist bei seinem Verhalten und nach seiner ganzen Natur durchaus unglaubwürdig und die andern ihn viel schmerzlicher treffenden Enttäuschungen haben wohl allein den Anlaß dazu gegeben. Als er aber jetzt das »Käthchen von Heilbronn« schrieb, hatte er offenbar die Liebe des Weibes zum Manne so schildern wollen, wie er sie sich dachte und beanspruchte, als eine blinde Unterwerfung und unbedingte sklavische Ergebenheit, die an Anbetung grenzte. Daß er auch hier, in dem was er schildern wollte, in krasse Übertreibung geriet und viel weiter ging, als es zur Durchführung seines Gedankens nötig war, lag überhaupt in seiner Natur, denn diese Maßlosigkeit in der Ausführung erkennen wir in jeder seiner dramatischen Dichtungen. Wie er aber schon in der Raserei der Liebesleidenschaft seiner übermenschlichen Penthesilea dennoch den zarteren Liebesszenen eine wahrhaft entzückende Poesie zu verleihen wußte, so hatte er auch sein Käthchen trotz ihrer hündischen Anhänglichkeit mit einem so zarten Reize der Weiblichkeit und rührender Unschuld und mit einer solchen Fülle echtester Poesie ausgestattet, daß wir sie trotz aller uns verstimmenden Momente gerne so hinnehmen wie sie ist. Indem er die Gewalt der Liebe als ein unergründliches Rätsel in der Natur begriff und darstellte, umgab er dieses geheimnisvolle Walten im Menschenherzen noch mit andern rätselhaften Erscheinungen, mit den Wundern des »Hellsehens« und mit Dingen, welche schon einer übersinnlichen Welt angehören, wie die Erscheinung des die Unschuld schützenden Cherub. Daß er diesem Käthchen zu Liebe den Charakter ihres Gegenstückes, der Kunigunde, mit den schwärzesten Farben schilderte, verleitete ihn auch wieder zu einer seiner immer wiederkehrenden Extravaganzen, indem er die herzlose Kokette, die nur auf ihren eigenen Vorteil bedacht ist, nicht nur zu einem Scheusal, sondern auch zu einer widerwärtigen Karikatur machte. Aber auch dieses Bild stimmte zu dem märchenhaften Charakter, den das Ganze annahm, und zu welchem das Mittelalter mit seinem rauhen und glänzenden Rittertum, mit dem geheimnisvollen Walten des Femgerichtes und andern Dingen vortrefflich stimmte. Hier hatte der große romantische Dichter sich in einer Welt gefühlt, in der er heimisch war, und deshalb haben wir auch in keinem seiner andern Werke einen so echten und historischen Lokalton zu bewundern wie in diesem wahrhaftesten romantischen Ritterschauspiel. Daß Kleist diesen Stoff, der mit allen seinen darin waltenden Kräften mehr für die Schilderung als für die sichtbare dramatische Aktion geeignet schien, nicht wie den Kohlhaas zu einer Erzählung, sondern zu einem Schauspiel gestaltete, mag wohl darin seinen Grund haben, daß er gerade in den beiden Dramen, die ihm als Ideale vorgeschwebt hatten, nichts erreichen konnte, indem das eine, Penthesilea, auf entschiedensten Widerspruch stieß, während er mit dem andern, Robert Guiskard, gar nicht zustande kommen konnte. Vielleicht wollte er nun, mit dem Griff ins romantische Mittelalter, gerade einen Stoff behandeln, der mit der vielfach äußerlich, bewegten Handlung voll spannender ihm recht theatralisch dankender Szenen das große Publikum erobern sollte. Das ist denn auch geschehen, aber wie gesagt, erst später. Denn die ersten Aufführungen des Schauspiels in Wien, am 17., 18. und 19. März 1810, hatten keinen nachhaltigen Erfolg. Erst zwölf Jahre nach dem Tode des Dichters hatte es durch die Holsteinsche Bühnenbearbeitung weite Verbreitung gefunden, und nachdem man mehr und mehr durch die Lektüre sich mit dem Zauber der darin herrschenden Poesie vertraut gemacht hat, wird es auch in seiner reinern Gestalt seinen Platz auf der deutschen Bühne behaupten. Es möge hier übrigens auf eine Bemerkung hingewiesen werden, welche der Theaterkritik« der Spenerschen Zeitung, Friedrich Schulz in Berlin, bei Besprechung der ersten Berliner Aufführung des Käthchen i. J. 1824 machte. Schulz, der mit Kleist persönlich verkehrt hatte, verwirft die Holbeinsche Bearbeitung zwar als eine Verstümmelung des Werkes. Dennoch meint er, wäre eine Bearbeitung nötig gewesen, weil aber Kleist kein Wort aus seinem Werke habe missen wollen, so habe er darauf verzichten müssen, »sein geliebtes Käthchen auf unserer Bühne zu schauen.«

Während Kleist noch mit der Vollendung seines Schauspiels beschäftigt war, hatten seit dem unseligen Frieden von Tilsit die politischen Verhältnisse sich immer trauriger und hoffnungsloser gestaltet. Aber der zunehmende Druck, der in Deutschland auf allen Gemütern lastete, mußte endlich das Gefühl der Hoffnung auf eine Veränderung der Lage gewaltsam zum Durchbruch kommen lassen. Die Bestrebungen der Männer wie Stein und Scharnhorst, Jahn und Arndt, Fichtes Reden an die deutsche Nation, sowie die Stiftung des Tugendbundes waren die Symptome des neu erwachenden patriotischen Geistes. Die Unruhen wuchsen allenthalben, und als die Spanier mit so heroischem Beispiele vorangingen, die französische Tyrannei abzuschütteln, richteten sich die Hoffnungen zunächst auf Oesterreich, welches im stillen sich zum Kampfe vorbereitete.

Diese Bewegung konnte Kleist nicht gleichgültig lassen, und von der Insel der Romantik, auf der ihn sein Käthchen trösten sollte, tat er plötzlich den kühnen Sprung auf den Boden der Gegenwart und – dichtete seine »*Hermannsschlacht*«, dieses in seiner Art einzig dastehende Drama des patriotischen Hasses. Besonders waren es die Spanier und ihr patriotischer Radikalismus, der in seinem Herzen zündete. Auch Blücher hatte damals geschrieben: »Ich weih nicht, warum wir uns nicht den Tirolern und Spaniern gleich achten wollen.« Kleist aber steigerte diesen Gedanken der berechtigten Notwehr eines ganzen Volkes wieder zur äußersten Höhe des in ihm entflammten Hasses gegen die Bedrücker.

Wenn Goethe an Kleist über die Penthesilea von jenen Dramatikern geschrieben hatte, die noch immer »auf ein Theater warten, das da kommen soll«, so konnten diese damals berechtigten Worte auf Kleists »Hermannsschlacht« keine Anwendung mehr finden, wohl aber konnte man bei diesem Drama sagen, der Dichter habe dabei an ein »Deutschland« gedacht, das da kommen soll.

In innerster Verbindung mit Kleists sittlichem Rigorismus stand sein patriotisches Gefühl, und beides wirkte hier zusammen, um die Flammen des Hasses gegen die Franzosen zu entzünden, über die er schon bei seinem ersten Aufenthalte in Paris an seine Schwester geschrieben hatte: »Ich kann Dir nicht beschreiben, welchen Eindruck der erste Anblick dieser höchsten Sittenlosigkeit bei der höchsten Wissenschaft auf mich machte. Diese Nation ist reifer zum Untergange als irgend eine andere.« Und eben diese Nation, diese »Affen der Vernunft«, wie er sie einmal nennt, sollte er ihre siegreichen Fahnen weiter und weiter tragen sehen über Deutschlands Fluren hin! In seiner Hermannsschlacht kommt sowohl seine tiefe Erkenntnis von dem Franzosentum in wildem Humor zum Ausdruck wie das Gefühl unersättlicher Rachbegier gegen unsere Peiniger. Sowie ihm alles zuwider war, was nur im mindesten an die Phrase streifte, so erfaßte er auch hier fest und ohne Schwanken seinen Gegenstand, in rücksichtsloser Kritik gegen Feinde und Freunde. Sowie er die flunkernde und glänzende Lüge bei den Franzosen haßte, so war ihm auch bei uns alle patriotische Schöntuerei, der das Mark zur Tat fehlte, verächtlich. Alles was die Zeit zur Erscheinung brachte, ist in seiner Hermannsschlacht mit Kühnheit und mit Klarheit zur Anschauung gebracht, wenn wir uns unter Rom Paris, unter den Römern die Franzosen und unter den alten Germanen die Deutschen seiner Zeit vorstellen. Wie er die Fürsten des Rheinbundes dem verdienten Hasse preisgibt, so wendet er sich gelegentlich mit Geringschätzung und mit Spott gegen die kokette Geheimnistuerei des »Tugendbundes«, indem er seinen Helden von den mißvergnügten Deutschen als von »Schwätzern« reden läßt –

> Die schreiben, Deutschland zu befreien
> Mit Chiffern, schicken mit Gefahr des Lebens
> Einander Boten, die die Römer hängen,
> Versammeln sich im Zwielicht – usw.

Er wollte Taten, rücksichtslose Taten, wie sie dem lange genährten Haß entsprechen sollten. Wie die Spanier jetzt in ihrem Kampfe gegen die Unterdrücker handelten, das war sein Ideal auch eines deutschen Befreiungskampfes. Verrat, Gift und Meuchelmord, alles sollte gelten, um das Gezücht zu vertilgen, das unsern Boden und die Rechte der Menschheit mit Füßen trat. Aus diesem Gefühl haben wir uns auch die Ausschreitungen des Hasses zu erklären, wie sie in einzelnen Szenen, wie in der gefühlsverletzenden Behandlung des wehrlosen Septimius, in der Abschlachtung des Varus (entgegen der historischen Tradition) und in dem furchtbaren Rachewerk der Thusnelda, zum Ausdruck kommen. So haben wir in diesem Schauspiel das merkwürdigste Beispiel in unserer Literatur, daß ein so fernliegender Stoff so in die lebendige Gegenwart versetzt wurde. Zeigt schon die Kühnheit dieses Gedankens uns den wahrhaft groß angelegten und selbständigen Dichter, so entspricht auch die Ausführung ganz der genialen Idee.

Der Zeitpunkt, da gerade Oesterreich den Krieg gegen Frankreich vorbereitete, übte seinen Einfluß auf die dramatische und hier eminent symbolische Darstellung. Indem er Oesterreich durch Hermann repräsentierte, ließ er den herrschsüchtigen Marbod nicht fallen, sondern dieser sollte, indem er der gemeinsamen Sache sich anschließt, durch die Schnelligkeit der Aktion den Ausschlag geben. Bei dieser Rolle Marbods hatte er Preußen im Sinne, und der preußische Dichter war deutscher Patriot genug, um dennoch schließlich die deutsche Krone demjenigen zusprechen zu lassen, der das Werk der Befreiung durchführte, indem er Marbod zu Gunsten Hermanns entsagen läßt.

Aber nicht nur der großen Tendenz nach, sondern auch in dramatischem und theatralischem Sinne muß die Hermannsschlacht als ein wahrhaft großes Werk des Dichters bezeichnet werden. Trotz der auch hierin vorkommenden Uebertreibungen, die vorhin erwähnt wurden, erkennen wir doch hier kein willkürliches Schalten seiner erhitzten Einbildungskraft, sondern wir sehen überall die Konsequenzen, die der unerbittliche Dichter der Wahrheit aus dem einheitlichen und eindringlichen Gedanken des ganzen Werkes zieht: Der überfeinerten und zur Fäulnis gelangten Kultur des Romanismus setzte er die gewaltige Naturkraft des germanischen »Barbarentums« entgegen. Wie er in diesem Barbarentum auch die natürliche Schlauheit und den Mutterwitz in der Gestalt des Hermann zur Geltung kommen läßt, so hat er diesen Gedanken am treffendsten in den Worten des Varus, kurz vor seinem Ende, ausgesprochen –

> Da sinkt die große Weltherrschaft von Rom
> Vor eines Wilden Witz zusammen!

Diese ganz selbständige Charakteristik des schlauen Hermann, der so ganz und gar nicht der gewohnten Vorstellung des deutschen Recken entsprach, war allerdings wieder eine Kühnheit, die den echten und originalen Dichter kennzeichnet, der immer nur ganz seiner eignen Idee folgte, und nichts danach fragte, wie diese zu den herkömmlichen Anschauungen stimmte. Und wie mit dem Charakter des Hermann, so ist er auch mit dem der Thusnelda verfahren, die er keineswegs als das Musterbild des deutschen Weibes aufstellen wollte, mit jener Mischung von weiblichem Heroentum und hausfraulicher Biederkeit, wie sie durch die Sage und durch die Dichtung, namentlich von Elias Schlegel und von Klopstock, dem deutschen Volke zum Eigentum geworden war. Aber so wie Kleist sie geschildert hat, in ihrer Wandelung aus der naivsten Ursprünglichkeit, Treuherzigkeit und Einfalt zur äußersten grausamsten Wut, ist sie psychologisch durchaus gerechtfertigt, und der Dichter folgte auch hierin wieder rücksichtslos dem Gebote der Wahrheit. Kleist hat sich selbst einmal, wie Dahlmann berichtet, sehr originell und bezeichnend über seine Thusnelda auf Befragen geäußert, indem er sagte: »Sie ist im Grunde eine recht brave Frau, aber ein wenig einsaitig, wie die Weiberchen sind, die sich von den französischen Manieren bangen lassen.« Zu jener fürchterlichen Energie, mit welcher Thusnelda das Rachewerk ausführt, trägt nicht wenig das Gefühl der Beschämung vor ihrem großen Gatten bei und ihr Wunsch, an dem Römer und an sich selbst die Verirrung zu sühnen. Gerade bei ihrer naiven Gläubigkeit mußte sie in ihrer Enttäuschung sich durch die glatte Tücke des Römers umso tiefer und schmerzlicher verwundet fühlen. Und da sie selbstverständlich von dem christlichen Gebote, dem Feinde zu vergeben, nichts weiß, so stimmt dieser Akt der Rache auch zur Idee der ganzen Dichtung. Wie Hermann, nachdem er die eitle Frau so tief gedemütigt hat, sich gegen sie schonend verhält, um sie wieder zu sich zu erheben, ist wieder ein feiner und tiefer Zug in der Dichtung. Wie bei Kleist durch die Herbheit seines Wesens überall das tiefe Gefühl durchbricht, so sehen wir danach auch den Helden dieses Dramas, den wir so lange nur als den schlauen Fuchs kennen lernten, im Momente vor der Entscheidung, in der wahrhaft großartigen Szene am Eingange des Teutoburger Waldes, übermannt von der Größe des Augenblickes und erschüttert von dem wunderbaren Bardengesang, so weich und ergriffen werden, daß er nicht zu sprechen vermag. Sowohl diese Situation wie auch die große Szene des Marbod mit den Kindern Hermanns gehören zu jenen Kleistschen Schönheiten, welche in der deutschen dramatischen Dichtung nicht ihresgleichen haben, und in denen er nur mit Shakespeare zu vergleichen ist, ohne doch ein Nachahmer desselben zu sein.

Als Kleist seine Dichtung vollendet hatte, schickte er sie anfangs Januar 1809 nach Wien, wo er eine Aufführung im Burgtheater noch am ehesten erwarten zu dürfen meinte. In seinem Briefe an den damaligen Wiener Dramaturgen, den Dichter Collin, sprach er die Ansicht aus, daß der Erfolg dieses Stückes sicherer sei als der des »Käthchen von Heilbronn«, und daß er es deshalb gern vor diesem auf die Bühne bringen möchte. Er sollte auch hierin wieder eine schmerzliche Enttäuschung erfahren; das Käthchen kam in Wien ein Jahr später zur Aufführung, aber die »Hermannsschlacht« blieb ganz liegen, ungewürdigt, unausgeführt. Man sah es wohl als eine seltsame Kühnheit an, daß ein deutscher Dichter aus den Empfindungen der die Gemüter bewegenden Gegenwart zum Volke reden wollte, wo nur die Diplomaten das Recht hatten, patriotisch oder – unpatriotisch zu sein. War ihm aber in Wien das Wort nicht gestattet, so konnte er in jener Zeit auf eine andere deutsche Bühne gehabt, und nur in seinen Freundes- kreisen in Dresden konnte das Manuskript still von Hand zu Hand gehen. Kleist aber hatte in seinem Schmerze darauf als Motto das Distichon gesetzt:

Wehe, mein Vaterland, dir! Die Leier zum Ruhm dir zu schlagen,
    Ist, getreu dir im Schoß, mir, deinem Dichter, verwehrt.

Noch ehe ihm die Hoffnung auf die Aufführung in Wien geschwunden war, hatte Kleist mit Dahlmann verabredet, Dresden zu verlassen und sich zunächst nach Prag zu begeben. Dort, meinte man, sei es sicherer, die Entwickelung der großen Ereignisse abzuwarten, nachdem der sächsische Hof sich der schlechten Sache angeschlossen habe. In Prag erst wurde Dahlmann mit dem Manuskript der Hermannsschlacht bekannt gemacht, und er erzählt uns, mit wie »unwider- stehlichem Herzensklange« ihm der Dichter, trotz seiner bedeckten Stimme, einzelne Partien aus dem Drama vorlas und namentlich mit dem Vortrag des Bardengesanges eine erschütternde Wirkung gemacht. Als sie Prag nach einigem Aufenthalt verlassen hatten, um weiter zu gehen, waren sie noch nicht bis nach Wien gelangt, als die Schlacht bei Aspern (am 21. Mai 1809) sie überraschte. Beide besuchten sogleich mit Eifer das Schlachtfeld, aber gerieten dabei wieder in Bedrängnis, indem ein österreichischer Offizier sie als Spione der Franzosen im Verdacht hatte. Kleist hatte die Naivität, sich als »Dichter« zu legitimieren, indem er ein paar Gedichte, die er bei sich trug, vorzeigte. Die österreichischen Offiziere hatten ihm deshalb keineswegs eine größere Achtung bezeigen wollen, aber man belästigte die Verdächtigen nicht weiter.

Zu den Gedichten, welche aus Kleists wild erregter Stimmung der Zeit hervorgegangen wa- ren, gehörten außer dem diabolisch-humoristischen »Kriegslied der Deutschen« vor allem sein großer Schlacht- und Rachegesang: »Germania an ihre Kinder«, der an wildem Zorn und an hinreißend dichterischer Kraft alles hinter sich läßt, was in jener Zeit und später an patrioti- schen Gedichten erschienen war.

Nach der Schlacht bei Aspern ging Kleist wieder nach Prag zurück, und sein Mut war wieder so gehoben, daß er hier den Plan faßte, eine politische Zeitschrift zu gründen und dafür alle Vorbereitungen mit Eifer getroffen hatte. Napoleons großer und entscheidender Sieg bei Wa- gram im Juli hatte alle Hoffnungen wieder danieder geworfen und auch für die Verwirklichung der Idee mit der Zeitschrift, welche »Germania« heißen sollte, war der Mut geschwunden. Eine Zeitlang ging Kleist jetzt ernstlich mit dem Gedanken um, Napoleon zu ermorden. Aber in Prag erkrankte er wieder, und da er genas, befand er sich von Geldmitteln so entblößt, daß er sich wieder an seine Schwester wenden mußte. Als er später, nach dem Wiener Friedensschluß im Oktober 1809, nach der Heimat zurückkehrte, hatte er seine Schwester in Frankfurt a. O. nicht angetroffen. Er begab sich im November nach Berlin, wo er zunächst einige kleinere Gedichte schrieb, die an die Zeitereignisse anknüpften, so die Ode »Auf den Wiedereinzug des Königs« und später, im März 1810 das Sonett »An die Königin Luise von Preußen.« Wann er das tief ergreifende Gedicht geschrieben, dem er die Ueberschrift gab »Das letzte Lied«, ist nicht mit Sicherheit festzustellen, und es bleibt wenigstens zweifelhaft, ob es wirklich sein »letztes« war.

Schon einige Zeit vorher hatte Kleist in Berlin den Gedanken zu einer neuen dramatischen Dichtung gefaßt; Ende des Jahres 1809 begann er sein reinstes, edelstes und auch in der dramatischen Form künstlerisch vollendetstes Schauspiel: *»Prinz Friedrich von Homburg«*. Wenn man bei dem hohen Werte dieser vaterländischen Dichtung erwägt, wie Kleist immer und immer wieder in seinen Hoffnungen als Dichter sich getäuscht sah, wie ferner sein patriotisches Herz zerrissen war und wie er dabei selbst um seine materielle Existenz in Sorgen und Not lebte, so muß die Ausdauer seiner dichterischen Kraft, die er gerade in diesem seinem letzten größern Werke so herrlich bekundete, umso mehr in Erstaunen setzen.

Wenn auch der geschichtliche Stoff zu diesem Schauspiel einer ganz andern Zeit entnommen war als sein vorletztes dramatisches Werk, so wird uns dennoch die politische Tendenz im Prinzen von Homburg klarer zur Erscheinung kommen, wenn wir das Schauspiel im Rückblick auf die Hermannsschlacht betrachten. Was die dichterische Schönheit betrifft, so enthält es zwar keine Szenen von so überwältigender Großartigkeit wie die Hermannsschlacht, aber es zeigt nicht nur eine mehr künstlerische Form im großen Ganzen, sondern es zeigt auch in der plastischen Anschaulichkeit der Charaktere den Dramatiker auf seiner höchsten Höhe. Vor allem können die Gestalten des Großen Kurfürsten und des alten Kottwiz als köstlichste Perlen in der dramatischen Dichtung gelten. Szenen, wie im ersten Akte diejenige, in welcher der Feldmarschall den kommandierenden Offizieren den Kriegsplan diktiert, nicht minder im zweiten Akte das hitzige Draufgehen des Prinzen bei Fehrbellin, zeigen einen Dramatiker vom allerhöchsten Berufe. Auch hinsichtlich der Sprache, welche bei Kleist in fast allen seinen Dramen durch Härte und oft abscheuliche und durchaus unstatthafte Konstruktionen, besonders in den Versen, so häufig abstößt und den Genuß an der innern Schönheit beeinträchtigt, zeigte der »Prinz von Homburg« eine vorgeschrittene Reinheit und Klarheit. Die kranke Stelle, welche leider auch in diesem Stücke sich fühlbar macht, liegt in der Hauptgestalt, im Prinzen selbst. Es war schon eine seltsame Idee, dem Helden eines solchen Schauspiels die kranke Eigenschaft des Nachtwandelns zu geben. Und daß der Dichter das Stück, das mit dem somnambulen Zustande des Prinzen beginnt, auch wieder mit einer derartigen Szene schließen läßt, erscheint als eine Spielerei, und noch dazu als eine grausame. Schlimmer aber noch für den Gesamteindruck des Dramas ist die Art und Weise, wie der Dichter das Moment der den Prinzen überwältigenden Todesfurcht behandelt. Auch hier hat der Dichter wieder ein psychologisches Motiv ergriffen, das an sich richtig sein mag, welches er aber mit solchem Wohlgefallen wieder bis in die äußersten Konsequenzen verfolgt, daß er darin viel weiter geht, als es nötig war. Der vorübergehende Todesschauer, ja auch selbst Todesfurcht, nachdem der Prinz das für ihn bereitete offene Grab gesehn, wäre an sich ganz gerechtfertigt; daß er den Prinzen aber in unwürdiger Weise um sein Leben jammern und betteln läßt, damit untergräbt er selbst dessen Berechtigung zum Helden eines Dramas. Die rücksichtslose Selbständigkeit des Kleistschen Talentes verleitete ihn in solchen Dingen zu einem Starrsinn, mit welchem er die gewünschte Wirkung so oft schwer beeinträchtigte. Wer aber mit dieser Dichtung sich oft beschäftigt hat oder sie wiederholt aufführen gesehn, der hat sich an die Eigenart dieses Dichters so gewöhnt, daß ihn auch solche Absonderlichkeiten nicht mehr stören; und die Schönheiten im Prinzen von Homburg sind in der Tat so groß, daß man die Mängel der Dichtung darüber vergessen kann. Wie in andern seiner Dichtungen, so suchte er auch hier den ihn ergreifenden Gedanken mit grausamer Wahrheit bis aufs äußerste zu erschöpfen und von keiner Erscheinung etwas von ihrem wahren Wesen zu verhüllen. So werden wir beim Käthchen von Heilbronn aus dem Entzücken über die vollendetste Poesie emporgeschreckt durch die Peitsche des edeln Ritters vom Strahl, und so führt er uns die Todesangst des Prinzen in einer Weise vor, daß er selbst seinen Helden der rücksichtslosen Wahrheit opfert. Die Extravaganzen in dieser Richtung bringen ihn dann wieder dazu, daß er vor dieser empfindlich berührenden Wirklichkeit in eine gewisse mystische

Richtung flüchtet, wie im Käthchen, so in seiner meisterhaften Erzählung Michael Kohlhaas. In einem Monolog des Prinzen von Homburg, da er im Gefängnis sitzt, läßt er denselben über das Leben und das Jenseits philosophieren:

> Zwar, eine Sonne, sagt man, scheint dort auch
> Und über buntre Felder noch als hier:
> Ich glaub's! Nur schade, daß das Auge modert,
> Das diese Herrlichkeit erblicken soll.

Und denselben Helden, der uns durch solche Philosophie das Innerste erschüttert, wie es nur Shakespeare vermochte, macht er zum Nachtwandler, und selbst in seinem wachen Handeln zum phantastischen Träumer. Was die politische Idee in diesem Drama betrifft, so ist schon angedeutet worden, daß sie, besonders neben der Hermannsschlacht betrachtet, überzeugender hervortritt. Wenn Kleist in dieser Dichtung uns diese Zerrissenheit Deutschlands schilderte, und den Triumph in dem einheitlichen Handeln der deutschen Stämme erblickte, so wies er danach in dem dramatischen Gemälde, aus welchem die Gestalt des Großen Kurfürsten riesig hervorragt, auf denjenigen Staat hin, in welchem vor allem der Geist der Ordnung als der starke Fels, an den sich unsere Hoffnungen klammern mußten, als unser Hort für die Zukunft erscheint. Wenn in der mit stärkerer Leidenschaft erfüllten Hermannsschlacht die poetische Kraft das Uebergewicht hat, so liegt in dem brandenburgischen Schauspiel jener politische Gedanke schon durch den Stoff unserm Verständnis näher. In diesem zeigte er bereits das preußische Musterbild eines auf Ordnung, Disziplin und Gesetz gegründeten Staats- und Militärwesens. Ueber die Berechtigung der Notwehr und der in der Hermannsschlacht verherrlichten Methode wird man darum nicht in Zweifeln sein können, so lange jene vollendete militärische Organisation als Schutzwehr gegen feindliche Nachbarn nicht existierte. In dem brandenburgischen Schauspiel war daneben noch die Lehre gegeben, – und das Beispiel des unglücklichen Schill steht uns dabei vor Augen – daß für das Vaterland, für das geordnete Ganze des Staates jedes persönliche Gefühl, möge es noch so gerechtfertigt erscheinen, sich unterzuordnen habe. Das Gesetz, der Geist der Ordnung ist es, dessen Herrschaft und Autorität sich alles beugen muß.

Mußte nicht gerade von einem solchen Schauspiel der Dichter erwarten, daß es ihm in der preußischen Hauptstadt die vollste Anerkennung und auch die Sicherung seiner materiellen Existenz erringen werde? Es wird uns berichtet, daß Kleist auch wirklich im Hinblick auf diesen Umstand, und zwar auf dringendes Anraten seiner Anverwandten, dies »vaterländische« Schauspiel geschrieben habe. Er sollte aufs neue eine Anstellung zu erhalten suchen, denn die Hoffnungen, von seiner schriftstellerischen Tätigkeit leben zu können, mußten ihm jetzt endlich ganz geschwunden sein. Ganz still für sich hatte er jetzt an dem Prinzen von Homburg rastlos und zum ersten Male ohne längere Unterbrechung gearbeitet. Mit seinem dichterischen Instinkt hatte er sich merkwürdig schnell auf dem militärischen Boden der brandenburgischen Zeit und in dem historischen Zeitkostüm zurechtgefunden, und die Arbeit war ihm so schnell von statten gegangen, daß er schon am 19. März 1810 seiner Schwester Ulrike melden konnte, daß er mit der neuen Dichtung fertig sei. In demselben Briefe sucht er noch einmal sie zu bestimmen, daß sie auf einige Zeit nach Berlin kommen und mit ihm leben möchte. Er hält ihr vor, daß sie in ausgezeichneten Familien, im Hause Altensteins, beim Staatsrat Stägemann usw. sehr angenehm verkehren und dort auch manches zu seinen Gunsten wirken könne. Er meldet ihr ferner in diesem Briefe, daß er der Königin Luise an ihrem Geburtstage (10. März) das vorhin erwähnte, an sie gerichtete Gedicht selbst überreicht habe, welches, wie er hinzufügt, »sie vor den Augen des ganzen Hofes zu Tränen gerührt hat; ich kann ihrer Gnade und ihres guten Willens, etwas für mich zu tun, gewiß sein.« Sein neues Schauspiel, meinte er, solle zunächst auf dem Privattheater des Prinzen Radziwill und später auch auf dem Nationaltheater gegeben werden. Der Arme! Nichts von allen seinen Hoffnungen sollte in Erfüllung gehn, und niemals ist er in seinen frohen Erwartungen vom Schicksal so ungerecht und grausam enttäuscht worden. Seine eigenartige Behandlung des patriotischen Stoffes scheint wohl mißfallen zu haben, und die Bedenken, welche gegen die Privataufführung sich richteten, haben dann auch die öffentliche Aufführung auf dem königlichen Nationaltheater gehindert. Es ist tief beschämend für uns, daß gerade jene beiden letzten Stücke, die er schrieb, in denen er so großartig zum Patriotischen Dichter sich aufgeschwungen hatte, während seines Lebens weder auf die Bühne gekommen noch gedruckt worden sind. Um sein Unglück voll zu machen, starb auch noch in demselben Sommer die geliebte Königin Luise, auf deren Gönnerschaft Kleist so sicher gerechnet hatte.

Worauf sollte der Unglückliche jetzt noch bauen? Er hatte nur noch die Aussicht, kümmerlich das Leben zu fristen, und er machte wirklich im Herbst desselben Jahres noch einen Versuch zum schriftstellerischen Erwerb, indem er wieder eine Zeitschrift, die »Berliner Abendblätter« redigierte. Von seinen »Erzählungen« war um dieselbe Zeit ein Band in Berlin erschienen, der außer den beiden älteren und besten, Kohlhaas und die Marquise von O., auch noch das Erdbeben von Chili enthielt. Ein zweites Bändchen erschien noch im folgenden Jahr, und er hatte darin auch ein paar aufgenommen, die vorher in den »Abendblättern« erschienen waren: Die heilige Cäcilie und das Bettelweib von Locarno. Sonst schrieb er für die Abendblätter nur meist unbedeutende Sachen, die keinesfalls mehr eines solchen Dichters würdig waren. Auch die Abendblätter erschienen nur noch bis zum März 1811. Dem Verleger seiner »Erzählungen«: Georg Reimer in Berlin (Realschulbuchhandlung) bot Kleist den »Prinzen von Homburg« zum Druck an und stellte ihm dabei noch einen größeren Roman in Aussicht, »der wohl zwei Bände betragen dürfte«, wünschte aber dabei von Seiten des Verlegers bessere Bedingungen, als diejenigen für die Erzählungen waren. Da der Prinz von Homburg erst zehn Jahre nach Kleists Tode (nach des Dichters Handschrift) herausgegeben wurde, und da wir von der Existenz eines größeren Romans nichts wissen, so ist daraus zu ersehen, daß der Verleger auf das Anerbieten nicht eingegangen war.

An den ihm dauernd befreundet gebliebenen Dichter de la Motte *Fouqué*, der nicht in Berlin, sondern auf seinem Gute lebte, hatte Kleist noch im August 1811 das zweite Bändchen seiner Erzählungen geschickt, und dabei die Hoffnung ausgesprochen, ihm auch bald sein vaterländisches Schauspiel »Der Prinz von Homburg« vorlegen zu können, »worin ich auf diesem, ein wenig dürren, aber eben deshalb, fast möchte ich sagen, reizenden Felde mit Ihnen in die Schranken trete.« Dieser Brief an Fouqué klingt noch ganz freundlich, und er stellt dem edeln Freunde noch in Aussicht; ihn nächstens ganz unverhofft zu besuchen. Kleist war aber in der Tat jetzt schon recht vereinsamt in Berlin, besonders seit Adam Müller Berlin verlassen hatte, um nach Wien zu gehen. Die Einsamkeit scheint ihn in jene ruhige, resignierte Stimmung gebracht zu haben, welche seinem gewaltsamen Ende vorausging. Von einzelnen ihm sehr nahe stehenden Personen seines Umganges, besonders von dem Kassenrendant *Vogel* und dessen Frau, mit welcher Kleist in den Tod ging, erfahren wir erst aus jenen Papieren, die auf die tragische Katastrophe selbst sich beziehen. Dasselbe gilt von dem Kriegsrat *Peguilhen* und einer Kusine des Dichters, *Marie* von Kleist, zu der er in seiner letzten Lebenszeit sich um so stärker hingezogen gefühlt hatte, je kühler sein Verhältnis zu seiner Schwester Ulrike geworden war.

Da wir hier vor dem Schlußakt der Tragödie seines Lebens stehen, so haben wir zu allen den schon erwähnten Umständen, die sich gegen ihn vereinigt hatten, noch ein paar Momente hervorzuheben, welche zuletzt noch dazu beitrugen, ihm das fernere Leben unerträglich zu machen. Von großer Wichtigkeit dafür sind die erst 1873 ans Licht gekommenen Papiere des Kriegsrats Peguilhen, welcher ein naher Bekannter Kleists und dabei ein intimer Freund der mit Kleist zugleich aus dem Leben geschiedenen Frau Adolfine Henriette Vogel war.

Die von Kleist gehoffte Unterstützung durch den Staat, war ihm, dem Dichter des Prinzen von Homburg, nicht zuteil geworden, und nach dem Tode der Königin Luise kaum noch zu erwarten. Wie es mit seinem versuchten Wiedereintritt ins Militär sich verhielt, ist nicht ganz aufgeklärt. Im Spätsommer hatte er seiner Schwester Ulrike geschrieben, daß der König seine Anstellung beim Militär befohlen habe, er werde entweder bei ihm Adjutant werden oder eine Kompagnie erhalten. Diese beiden Annahmen sind sicher falsch gewesen, und es bleibt nur die Frage offen, ob Kleist selbst an eine derartige Stellung geglaubt hat oder nicht. Genug, Kleist begab sich kurz darauf nach Frankfurt, um von seiner Schwester und seinen andern Verwandten sich das Geld zu seiner Equipierung zu verschaffen. Als Kleist in Frankfurt angekommen war, muß er namentlich auf seine ihn liebende Schwester einen dermaßen erschreckenden Eindruck gemacht haben, daß Ulrike nicht imstande war, diesen Eindruck ihm zu verbergen. Infolgedessen verzichtete Kleist auf eine mündliche Verhandlung und schrieb aus dem Gasthaus, weshalb er gekommen sei. Dann fuhr er fort: »Da Du aber, mein wunderliches Mädchen, Dich bei meinem Anblick so ungeheuer erschrocken hast, ein Umstand, der mich, so wahr ich lebe, aufs allertiefste erschütterte, so gebe ich, wie es sich von selbst versteht, diese Gedanken völlig auf, ... entschlossen, noch heute nachmittag nach Berlin zurückzureisen.«

Es scheint, daß danach zwischen ihm und seiner Schwester sich eine tiefe Kluft gebildet habe, wenigstens von seiner Seite. Am 9. November 1811 schrieb er an seine Kusine Marie von Kleist, die er hier als die einzige bezeichnet, an deren Gefühl und Meinung ihm etwas gelegen sei. Dann folgen die merkwürdigen Geständnisse mit Bezug auf Henriette Vogel: »Ja, es ist wahr, ich habe Dich hintergangen; wie ich Dir aber tausendmal gesagt habe, daß ich dies nicht überleben würde, so gebe ich Dir jetzt, indem ich Abschied von Dir nehme, davon den Beweis. Ich habe Dich während Deiner Anwesenheit in Berlin gegen eine andere Freundin vertauscht; aber, wenn das Dich trösten kann, nicht gegen eine, die mit mir leben, sondern die im Gefühl, daß ich ihr ebensowenig treu sein würde, wie Dir, mit mir sterben will. Mehr Dir zu sagen, läßt mein Verhältnis zu dieser Frau nicht zu. Nur soviel wisse, daß meine Seele, durch die Berührung mit der ihrigen, zum Tode ganz reif geworden ist; daß ich die ganze Herrlichkeit des menschlichen Gemütes an dem ihrigen ermessen habe, und daß ich sterbe, weil mir auf Erden nichts mehr zu lernen und zu erwerben übrig bleibt. Lebe wohl! Du bist die einzige auf Erden, die ich jenseits wiederzusehen wünsche. Etwa Ulriken? – ja, nein, nein ja, es soll von ihrem Gefühl abhängen. Sie hat, dünkt mich, die Kunst nicht verstanden, sich aufzuopfern, ganz für das, was man liebt in Grund und Boden zu gehen...«

Wie der übrige Inhalt dieses Briefes, so spricht auch besonders diese Aeußerung über eine Schwester, wie Ulrike ihm in allen Lebensverhältnissen war, für eine bei Kleist eingetretene oder richtiger weiter gediehene geistige Erschütterung und Verwirrung. Am nächsten Tage (10. November), schreibt er wieder an seine Kusine Marie, als Antwort auf einen Brief von ihr: es sei ihm »ganz unmöglich, länger zu leben.« Er versichert, er sei so empfindlich geworden, daß ihn die kleinsten Angriffe doppelt und dreifach schmerzen, als jeden andern, lieber wolle er zehnmal den Tod erleiden, »als noch einmal wieder erleben, was ich das letzte Mal in Frankfurt an der Mittagstafel zwischen meinen beiden Schwestern, besonders als die alte Wackern dazu kam, empfunden habe,« denn er werde von ihnen »als ein ganz nichtsnutziges Glied der Gesellschaft angesehen, das keiner Teilnahme mehr wert sei.« Und in eben diesem Briefe kommt er auch auf die traurige Lage des Vaterlandes zu sprechen; daß der König jetzt eine Allianz mit den Franzosen schließe, sei auch nicht eben gemacht, ihn am Leben festzuhalten: »Was soll man doch, wenn der König diese Allianz schließt, länger bei ihm machen? Die Zeit ist ja vor der Türe, wo man wegen der Treue gegen ihn, der Aufopferung und Standhaftigkeit und aller andern bürgerlichen Tugenden, von ihm selbst gerichtet, an den Galgen kommen kann.«

Das klingt nun freilich furchtbar bitter, und leider brauchte Kleist in diesem Punkte nicht zu übertreiben, um das Erbärmliche der Situation zu schildern. Das wunderliche Doppelverhältnis Kleists zu seiner Kusine einerseits und zu Henriette Vogel anderseits wird in einem dritten und letzten Briefe an Marie von Kleist noch weiter erörtert, ohne daß es uns begreiflicher wird: »Kann es Dich trösten,« schreibt er, »wenn ich Dir sage, daß ich diese Freundin niemals gegen dich vertauscht haben würde, wenn sie weiter nichts gewollt hätte, als mit mir leben? Gewiß, meine liebste Marie, so ist es; es hat Augenblicke gegeben, wo ich meiner Freundin offenherzig diese Worte gesagt habe. Ach, ich versichere Dich, ich habe Dich so lieb, Du bist mir so überaus teuer und wert, daß ich kaum sagen kann, ich liebe diese vergötterte Freundin mehr als Dich. Der Entschluß, der in ihrer Seele aufging, mit mir zu sterben, zog mich, ich kann Dir nicht sagen, mit welcher unaussprechlichen und unwiderstehlichen Gewalt an ihre Brust ...ich kann Dir nicht leugnen, daß mir ihr Grab lieber ist als die Betten aller Kaiserinnen der Welt.«

Aus allen diesen Aeußerungen erkennt man wohl den Dichter Kleist wieder in allen seinen Extravaganzen und Sonderbarkeiten; aber diese leidenschaftlichen Briefe geben uns auch die Ueberzeugung von der gefährlichen Steigerung jener Eigenschaften. Wer mit solcher Wollust sich mit dem Gedanken an den Tod beschäftigte, der mußte ihm schon rettungslos verfallen sein. Es ist bisher stets versichert worden, daß es nicht eine Liebesleidenschaft gewesen, welche ihn zu dem Entschlüsse gebracht hatte, mit Henriette Vogel gemeinsam zu sterben. Nein, jene Liebesleidenschaft, wie man sie gewöhnlich versteht, war es allerdings nicht. Es war, wie alles, was Kleist in diesem Punkte empfunden hatte, eine krankhafte Selbsttäuschung, ein Gebilde seiner erhitzten Phantasie, in dessen Genuß er schwelgte, weil er endlich – erst in seinem Sterben – einmal glücklich sein wollte. Und daß es ein Wesen gab, das den Entschluß fassen konnte, mit ihm zusammen zu sterben, dies Gefühl hatte ihn berauscht und seinen Entschluß unwiderruflich gemacht. Von Henriette Vogel wird berichtet, daß bei ihr die Ursache der Todessehnsucht eine furchtbare innere Krankheit gewesen sei, über welche ihr schon von ärztlicher Seite die erschreckendste Aussicht eröffnet worden war. Des Dichters Kusine erfuhr über Henriette Vogel eigentlich nur aus seinen Briefen von einer derartigen Verbindung mit ihr. Nach seinem Tode, als der Kriegsrat Peguilhen Nachrichten über den Verstorbenen sammelte, schrieb ihm Marie von Kleist: »Beiträge zu meines geliebten Vetters unglücklicher Katastrophe kann ich nicht mitteilen, so vertraut auch meine Verbindung mit ihm war. So muß ich gestehen, daß eine nähere Bekanntschaft mit der Frau Rendantin Vogel nie zu meinem Wissen gelangt ist. Zuweilen, wenn er mich verließ, sagte er, er ginge in dieses Haus oder mit dieser Gesellschaft spazieren, ohne sich je über eine engere Verbindung mit Madame Vogel auszulassen.«

Daß Kleist von seiner edeln und einst so geliebten Schwester Ulrike nicht in Mißstimmung scheiden mochte, begreift sich bei seiner grundguten und weichen Natur umsomehr, als er das Unrecht fühlen mußte, das er ihr getan. Und er schrieb ihr noch vor seinem Tode: »Ich kann nicht sterben, ohne mich zufrieden und heiter, wie ich bin, mit der ganzen Welt, und somit auch vor allen andern, meine teuerste Ulrike, mit Dir versöhnt zu haben. Laß sie mich, die strenge Aeußerung, die in dem Briefe an die Meisten enthalten ist, laß sie mich zurücknehmen. Wirklich, Du hast an mir getan, ich sage nicht, was in Kräften einer Schwester, sondern in Kräften eines Menschen stand, um mich zu retten. Die Wahrheit ist, daß mir auf Erden nicht zu helfen war.«

Es war am Mittage des 20. November 1811, als Kleist und Henriette Vogel in einem dazu gemieteten Fuhrwerk Berlin verließen, und bis zum Wannsee, auf der Straße noch Potsdam, fuhren. In der Nähe des Sees stiegen sie in einem Wirtshaus »zum Stimming« ab und baten um ein Mittagessen, indem sie dabei bemerkten, sie wollten sich nur ein paar Stunden aufhalten, um ein paar Freunde aus Potsdam zu erwarten. Im obern Stockwerk des Wirtshauses ließen sie sich aber ein paar Zimmer geben, und fragten dann, ob sie nicht einen Kahn bekommen könnten, um über den See nach der andern Seite, zu fahren. Da ihnen erwidert wurde, daß die Beschaffung eines Kahnes viele Umstände machen werde, daß sie aber leicht zu Fuß über den Damm nach der andern Seite des Sees gelangen könnten, machten sie denn auch den Spaziergang, kehrten aber wieder zurück und begaben sich in ihre Zimmer, um dort Verschiedenes zu schreiben. Zu dem Abendessen, welches die Dienerin ihnen verabfolgte, hatten sie den Wein mit sich gebracht. Nach dem Essen schrieben sie wieder und blieben die Nacht oben. Der Hausdiener, der die Nacht über wachte, bemerkte an den Fenstern, daß sie beständig Licht brannten, und man hörte beide auf und nieder gehen.

Schon sehr zeitig am andern Morgen kam Frau Vogel herunter und verlangte Kaffee; danach blieben sie den Vormittag über wieder still auf ihren Zimmern.

Als es gegen Mittag geworden war, verlangten sie einen Boten, der einen Brief nach Berlin bringen könne; der Brief war an den Kriegsrat Peguilhen gerichtet. Später, als der Bote längst auf dem Wege war, fragten sie wiederholt, was es an der Zeit sei und wann der Bote wohl in Berlin sein könnte?

Als die Zeit nach ihrer Berechnung gekommen war, gingen sie hinaus, plauderten ganz heiter über gleichgültige Dinge und trieben Scherze, so daß kein Mensch auf den Verdacht ihres schrecklichen Vorhabens hätte kommen können. Sie wollten sich jetzt nach einem bestimmten grünen Platz jenseits des Sees begeben und baten die Wirtin, ob sie ihnen nicht dorthin den Kaffee schicken könnte. Die Frau meinte zwar, daß dies doch zu weit sei, aber sie drangen so sehr darauf, daß sie einwilligte, und nachdem Kleist zu dem Kaffee noch eine Portion Rum verlangt hatte, machten beide sich auf den Weg, indem Henriette ein mit dem Tuche bedecktes Körbchen trug, in welchem jedenfalls die Pistolen lagen. Am bestimmten Platze angelangt, fand die Aufwärterin beide wieder in heiterster Stimmung. Sie hatten noch nach einem Bleistift verlangt, und dann hatte Henriette die Aufwärterin gebeten, die eine Tasse auszuwaschen und ihr wiederzubringen. Kurz nachdem das Mädchen sich entfernt hatte, hörte sie einen Schuß und gleich darauf einen zweiten. Da sie aber meinte, daß die Fremden wohl zu ihrem Vergnügen schießen, setzte sie ihren Weg fort. Als sie aber die eine mitgenommene Tasse wieder zurückbrachte, fand sie die beiden tot in ihrem Blute liegen. Wie von den später Herbeieilenden berichtet wurde, lag Henriettens Leiche in einer kleinen Bodenvertiefung, mitten durchs Herz geschossen und die Hände auf der Brust gefaltet. Kleist selber, der sich durch den Kopf geschossen hatte, befand sich vor ihr in kniender Lage. Sie waren beide durchaus nicht entstellt, sondern hatten im Tode die Miene heiterer Zufriedenheit.

Im Zimmer des Hauses fand man noch ein versiegeltes Päckchen, in welchem sich ein Brief von Kleist an Adam Müllers Frau befand. Mit einer heitern Ruhe, welche in bezug auf die Situation um so erschütternder klingt, schreibt er darin der Freundin u. a: »...Es hat seine Richtigkeit, daß wir uns, Jettchen und ich, wie zwei trübsinnige, trübselige Menschen, die sich immer wegen ihrer Kälte angeklagt haben, von ganzem Herzen lieb gewonnen haben, und der beste Beweis davon ist wohl, daß wir jetzt miteinander sterben. Leben Sie wohl, unsre liebe, liebe Freundin, und seien Sie auf Erden, wie es gar wohl möglich ist, glücklich! Wir unsererseits wollen nichts von den Freuden dieser Welt wissen und träumen lauter himmlische Fluren und Sonnen, in deren Schimmer wir, mit langen Flügeln an den Schultern, umherwandeln werden...« Darunter hatte auch Henriette noch einige Zeilen geschrieben, in denen sie ihre Freunde in heiterstem Tone bittet, sie möchten sich zuweilen »der zwei wunderlichen Menschen erinnern, die bald ihre große Entdeckungsreise antreten werden.«

So endete Heinrich von Kleist, erst vierunddreißig Jahre alt, sein Leben. Bei der Anzeige seines Todes in der Zeitung hatte Peguilhen eine besondere Schrift über das Ereignis angekündigt und das Publikum gebeten, bis dahin sein Urteil aufzuschieben. Da die Veröffentlichung auf Befehl des Königs unterblieb, so ist das von dem Freunde zur Rechtfertigung des Unglücklichen gesammelte Material erst in neuerer Zeit (in der »Gegenwart« 1873) in die Öffentlichkeit gekommen und das Wichtigste daraus ist in unserer Lebensskizze mit benutzt worden. Seine Vaterstadt Frankfurt a. O. errichtete dem Dichter ein Denkmal, das am 25. Juni 1910 enthüllt wurde; es ist eine eindrucksvolle Schöpfung des Bildhauers Gottlieb Elster-Berlin. Professor Erich Schmidt entrollte in seiner Festrede ein tiefergreifendes Lebensbild des Verewigten, dem erst die Nachwelt den unverwelklichen Ruhmeskranz flicht.

Ein einfacher Gedenkstein am östlichen Ufer des Wannsees bezeichnet die Stelle, wo der Unglückliche seine Tat vollbrachte.

Wer in die Geisteswerke des Dichters blickt und das unerbittliche Schicksal erwägt, dem er verfallen sollte, der wird nicht nur dem Dichter die ihm zukommende Bewunderung zollen, sondern auch dem edeln und unglücklichen Menschen das tiefste Mitgefühl zuwenden.

Milton Keynes UK
Ingram Content Group UK Ltd.
UKHW051945260923
429364UK00013BA/889